W0193485

Barty Phillips

Haushaltstipps

BARTY PHILLIPS

Schneller und effektiver

SAUBER MACHEN

101 SCHLAUE HAUSHALTSTIPPS

Aus dem Englischen
von Hubert Mania

Anaconda

Titel der englischen Originalausgabe:
*Outwitting Housework. 101 Cunning Stratagems
to Reduce Your Housework to a Minimum.*
First published in Great Britain in 2018
by Michael O'Mara Books Limited, London.

Die Deutsche Nationalbibliothek verzeichnet diese Publikation
in der Deutschen Nationalbibliografie; detaillierte bibliografische
Daten sind im Internet unter http://dnb.d-nb.de abrufbar.

Lizenzausgabe mit freundlicher Genehmigung
© dieser Ausgabe 2019 Anaconda Verlag GmbH, Köln
Alle Rechte vorbehalten.
Umschlaggestaltung: Druckfrei. Dagmar Herrmann, Bad Honnef
Umschlagillustrationen: shutterstock.com / Epine (Blasen);
shutterstock.com / © mhatzapa (Haushaltsgegenstände)
Satz und Layout: Achim Münster, Overath
Printed in Czech Republic 2019
ISBN 978-3-7306-0698-8
www.anacondaverlag.de
info@anacondaverlag.de

Meiner Schwester gewidmet –
der Inkarnation der trickreichen Hausfrau

INHALT

EINLEITUNG

Keine Chance, der Hausarbeit zu entkommen – wenn Sie eine Wohnung oder ein Haus haben, fällt sie nun mal an. Aber mit ein wenig Raffinesse können Sie einiges vermeiden und sich das einsetzende Chaos, die Ansammlung von Staub, die hartnäckigen Flecken und die Hundehaare, die sich gerade auf Ihrer besten schwarzen Hose festsetzen, ersparen.

Sie kennen das ja: Die Leute geben damit an, in einem Hotel übernachtet zu haben, in dem es so sauber war, »dass man vom Badezimmerfußboden hätte essen können«. Zum Glück habe ich noch nie den Wunsch verspürt, von irgendeinem Fußboden in meinem Haus zu essen, dennoch möchte ich, dass alles unter meinen Füßen (und übrigens auch überall sonst) nett aussieht und sich sauber anfühlt. »Wie sauber?« lautet die Frage, und das hängt von Ihnen selbst ab und davon, wie Sie sich wohlfühlen oder ob Sie mit anderen Menschen zusammenwohnen, die andere Auffassungen haben als Sie. Vielleicht haben Sie einen Partner, den die Krümel auf dem Tischtuch stören, oder ein Kind, das beim Frühstück sorglos den Inhalt ganzer Müslipackungen überall verstreut.

Im Allgemeinen gilt: Je ordentlicher das Heim, umso leichter ist es, sich die Hausarbeit vom Leib zu halten. Aber Sie werden beim besten Willen nicht verhindern können, dass die Katze ihre Haare auf den Sofapolstern verliert, Ihre Lieben mit verdreckten Stiefeln ins Haus gestampft kommen oder ihre Handys, Spielkonsolen und angebissenen Wraps unter jedem Kissen liegen lassen. Ihre einzige Hoffnung, um so viel Hausarbeit wie möglich herumzukommen, besteht heutzutage darin, sich zu entspannen. Wenn Sie mal nicht schrubben und putzen müssen, dann lassen Sie es einfach. Wenn es nötig wird, dass ein Reinigungsmittel nach der Anwendung eine Zeit lang einwirken muss, soll es eben so sein. Lassen Sie alles liegen und stehen und machen Sie etwas Erfreuliches, hören Sie Musik, tanzen Sie vor dem Spiegel. Das Pflegemittel tut derweil in Ruhe seine Arbeit, und Sie sollten ganz einfach nicht mehr daran denken, bis es seinen Job erledigt hat.

Zumindest müssen wir uns heutzutage nicht mehr damit herumschlagen, was unsere Vorfahren »Frühjahrsputz« genannt haben. Dabei musste nicht nur jedes Möbelstück in die Mitte des Zimmers gerückt und mit Tüchern abgedeckt werden, sodass der Boden darunter und dahinter geschrubbt werden konnte, sondern es mussten auch die Vorhänge gewechselt werden: von schweren Winterstoffen aus gewebter Wolle zu leichten aus »Sommerbaumwolle«. Die Polstermöbel mussten nach draußen geschleppt und mit speziellen Teppichklopfern aus Weidengeflecht halb tot geprügelt werden.

Mein Exemplar des Buches *Every Woman's Enquire Within: A Complete Library of Household Knowledge for all Home-loving Women*, (etwa: »Was jede Frau sich insgeheim fragt: eine vollständige Sammlung von Haushaltswissen für alle Frauen, die ihr Zuhause lieben«) wurde 1940 von George Newnes herausgegeben. Es listet penibel auf, wie das ablaufen soll, einschließlich »Vorbereitungsphasen« (wie zum Beispiel die Schubladen aus jedem Schrank herausziehen und ihren Inhalt reinigen). Anschließend soll man das Möbelstück auf Hochglanz bringen und den Staub mit einem Staubsauger entfernen, »falls Sie einen haben sollten« – sonst müsse man »statt dessen eine Bürste benutzen«. Ach ja, und natürlich musste auch der Kamin ausgefegt werden.

Mit modernen Oberflächen und Lackierungen, mit zeitgemäßen Staubsaugern und Teppichreinigern, fettlösenden Tüchern und Öfen, die keine Kohle verbrennen und daher auch keinen Ruß und Sott zurücklassen, besteht heutzutage der einzig nennenswerte Frühjahrsputz für uns darin, die verdreckten und verschmierten Fensterscheiben zu reinigen, die uns durch die ersten Sonnenstrahlen des neuen Jahres ins Auge fallen.

Ich finde, dass interessantere Dinge in der Welt auf mich warten als Blitzaktionen im Haushalt, und so habe ich zeit meines Lebens versucht, Möglichkeiten zu finden, jeglichen Frühjahrsputz zu vermeiden, indem ich mein Zuhause von vornherein auf effiziente Weise sauber und ordentlich halte und dabei so wenig Zeit und Energie wie möglich verschwende. In diesem Buch möchte ich Ihnen gern ein paar dieser Kenntnisse vermitteln. Es ist keineswegs ein umfassendes Anleitungsbuch, wie man alles in den Griff kriegt, aber ich hoffe, dass es Pläne und Strategien anbietet, wie man Chaos und Schmutz, die in jedem Haus lauern und nur darauf warten überhandzunehmen, austrickst. Ich rate Ihnen nicht, Perfektion anzustreben, was unausweichlich zu Enttäuschung und einem Gefühl des Versagens führt. Machen Sie es sich lieber so bequem wie möglich und behalten Sie alles einigermaßen unter Kontrolle. So sparen Sie Zeit und Energie und können sich den gelegentlichen Luxus leisten, in aufgeräumter Atmosphäre auf dem Sofa zu entspannen oder den ganzen Abend mit ihrem Lieblingsprogramm am Fernseher zu verbringen.

1

TECHNIK BEHERRSCHEN

Man sagt, die Technik habe unser Leben revolutioniert und den Stress der Hausarbeit mehr oder weniger auf ein Relikt der Vergangenheit reduziert. Leider scheint genau diese Technik selbst manchmal viel mehr Aufwand und Zeit zu beanspruchen als das gewöhnliche Putzen und Entstauben aus der Zeit vor den elektrischen Geräten. So verlockend es auch sein mag, immer die neuesten glänzendsten und von der Werbung angepriesenen Geräte zu kaufen, lautet mein Rat: Kaufen Sie nur das, was zu Ihnen passt. Wenn Sie Ihre Zeit am Smartphone verbringen, dann sind ferngesteuerte elektronische Vorrichtungen, die Ihre Wohnzimmervorhänge auf Knopfdruck zuziehen, womöglich die ideale

Lösung. Doch sollten Sie von der digitalen Steuerung Ihrer Zentralheizung überfordert sein, werden Sie bestimmt auch keine fernsteuerbare Waschmaschine oder einen Saugroboter haben wollen. Wenn Sie daher Ihre Geräte kaufen, lassen Sie sich von Ihren Ratgebern nicht mit zu viel Tamtam ins 21. Jahrhundert zerren, es sei denn, Sie entwickeln ein Verständnis dafür und haben Spaß daran. Viele Hausangestellte ziehen noch immer einfache Knöpfe digitalen Steuerungen vor, denn die können selbst einfach oder kompliziert sein. Sollten Sie ein Technikfeind sein, besorgen Sie sich die einfachsten programmierbaren Geräte, die man schnell zu beherrschen lernt.

Wie Sie Ihre Geräte austricksen

Man lässt sich nur allzu leicht von auffälliger und hübscher Verpackung verführen und wird so vom eigentlichen Kaufobjekt und seiner Eignung für einen selbst und sein Zuhause abgelenkt. Es gibt winzige und riesige Maschinen, und eine große Maschine muss nicht unbedingt die beste sein. Einmal bekam eine Freundin von mir zu Weihnachten einen Toaster geschenkt, der an einen Rolls Royce in Hochglanzsilbermetallic erinnerte. Er hatte vier Schlitze, ein Spezialprogramm für Muffins und eine anspruchsvolle Zeitsteuerung. Sie lebt allein und isst nur sehr selten Toast. Deshalb versucht sie schon ewig, ihn der Familie zurückzugeben, von der sie ihn geschenkt bekommen hat, denn ihr ist klar, dass der Toaster der Familie weit mehr nutzen würde als ihr, aber die sind nun mal glücklich, ihr etwas so Wundervolles geschenkt zu haben. Etwas Ähnliches betrifft mich. Ich bin eher klein, und wenn ich mir den üblichen Gummiwischer zum Fensterputzen schnappe, komme ich mit dem kurzen Griff nicht ganz oben an meine Fenster heran. Aber ein großer Eimer ist einfach nicht passend, da ich ihn nicht anheben kann, wenn er voll ist. Für sich betrachtet, klingen diese Dinge trivial, aber wenn man bedenkt, dass sie regelmäßig benutzt werden, ist es wichtig, dass man auch damit zurechtkommt.

Für eine große Familie ist das Robuste mit Sicherheit besser als das fortschrittlich Digitale. Ein unkompliziertes Objekt, das nicht in vielen Einzelteilen geliefert wird, wird eher zum Einsatz kommen als eins, das erst noch stundenlang zusammengebaut werden muss. Ich besuchte einmal eine Handelsmesse für Küchen-

und Haushaltsgeräte. Eine der ausgestellten Maschinen war eine wunderbar simple Waschmaschine, die die Wäsche einfach nur rotieren ließ. Sie hatte lediglich zwei Knöpfe: einen Ein-und Ausschalter und eine Zeitschaltuhr. Ich fragte den Handelsvertreter, wo man dieses begehrenswerte Gerät kaufen könne. »Oh!«, sagte er, »ich fürchte, das können Sie hier nicht kaufen, das ist für die Dritte Welt bestimmt«. Ich fand es schade, dass man es mir und meinen Lesern vorenthielt. Inzwischen habe ich eine Maschine mit acht Programmen, von denen ich höchstens zwei benutze.

Holen Sie Ihren Staubsauger aus dem Abseits

Falls Sie einen großzügigen, offenen Raum zur Verfügung haben wie zum Beispiel ein Loft, Teppichboden am laufenden Meter und nicht viel Möbel, die im Weg stehen, sollten Sie daran denken, sich einen professionellen Bürststaubsauger anzuschaffen, der jahrzehntelang hält und die Arbeit effizient und schnell erledigt (wenngleich er vielleicht ein wenig mehr Lärm macht als andere Staubsauger). Ein gewerbliches Gerät hält voraussichtlich länger, ist wirtschaftlicher als ein Haus-

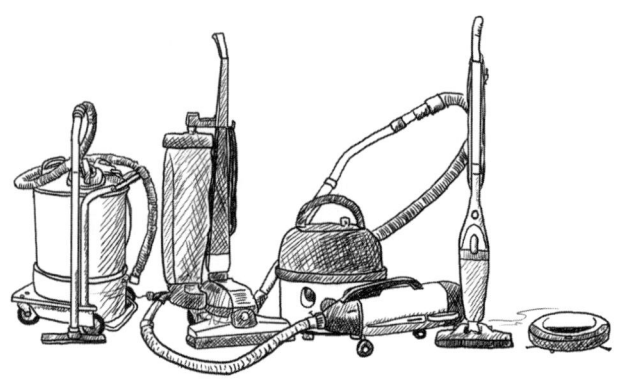

haltsstaubsauger und könnte sich als guter Kauf für größere Häuser und Familien erweisen, was natürlich von den jeweiligen Interessen und Aktivitäten abhängt. Er besteht im Allgemeinen aus robusteren Materialien und hat weniger Schnickschnack, der abbrechen kann. Außerdem ist er normalerweise größer, schwerer und teurer als ein Haushaltsgerät. Ein Staubsauger mit größerer Spurweite könnte in einem offenen, freien Raum nützlich sein, weil Sie mit jedem Durchqueren des Zimmers eine größere Bodenfläche abdecken würden.

Ein Nass- & Trockensauger könnte eine gute Wahl für eine Familie mit Jugendlichen sein. Diese Maschi-

nen saugen alles auf: Sägemehl, Nägel und eine durch
überlaufendes Badewasser verursachte Überschwem-
mung. Anstelle eines Staubsaugerbeutels hat eine
Nass- & Trockenmaschine zwei Behälter, einen für
Flüssigkeiten und einen für trockenen Schmutz. Jede
Maschine braucht einen Schaumfilter für Flüssigkeiten
und einen Papierfilter für trockenes Zeug, und Sie sollten daran denken, diese Behälter jedes Mal umzuschal-
ten, wenn Sie eine andere Funktion wählen. Außerdem
dürfen Sie nicht vergessen, den Flüssigkeitsbehälter
nach jeder Benutzung sofort in einen Eimer auszulee-
ren, sonst ist die Flüssigkeit schnell abgestanden und
fängt an, furchtbar zu stinken. Wie üblich, sind Geräte
mit zwei Funktionen komplizierter zu handhaben und
instand zu halten als Maschinen mit nur einer Funktion.

Solche Maschinen können Dinge tun, die Sie hoffentlich nie in Anspruch nehmen müssen, obschon es
wirklich clevere Funktionen sind. So können einige
Modelle zum Beispiel Festbrennstoffasche aus dem
Kamin saugen, Überschwemmungen von Rohrbrü-
chen schlucken, den verstopften Ausguss freimachen
(was ist eigentlich gegen einen Pömpel einzuwenden?)

sowie Schnee und welkes Laub hinterm Haus weg-
schaffen.

Große gewerbliche Nass- & Trockensauger erledigen die Arbeit naturgemäß am besten, aber sie sind
hauptsächlich schwer und machen einen schrecklichen
Lärm, eignen sich daher am besten für eine Werkstatt
oder für ein großes Gebäude wie eine Schule. Mittel-
große Modelle sind kompakter und bieten trotzdem
noch eine ordentliche Leistung, könnten daher das
Mittel der Wahl für eine große Familie in einem geräu-
migen Haus sein, wo eine Menge los ist. Die kleinen
und winzigen Geräte eignen sich nicht so gut, es sei
denn, Sie leben auf kleinstem Raum oder wollen sie lediglich benutzen, um ein paar Krümel aufzusaugen,
wenngleich es schneller ginge, kleine Malheurs mit
dem Kehrblech aufzufegen oder mit einem Tuch aufzuwischen.

In einer kleinen Wohnung beansprucht ein kabello-
ser, an der Wand befestigter Staubsauger weniger Platz
und macht einen ausgezeichneten Job. Zwischen diesen Extremen gibt es einige Dutzend Staubsaugermo-
delle. Entscheiden Sie sich für das mit dem Mindestmaß an notwendigem Zubehör und bewahren sie es

möglichst nicht in einem schwer zugänglichen Karton unter der Treppe auf. Wenn Sie ohnehin schon eine ordentliche Person sind oder jemand, der viel Zeit im Fitnessstudio oder in der Stadt verbringt, statt sein Haus zu verwüsten, genügt Ihnen womöglich ein Teppichroller. Das ist ein wirklich simples manuelles Arbeitsgerät am unteren Ende eines langen Stiels. Die sich drehenden Bürsten fegen den Schmutz beim Vor- und Zurückschieben in eine integrierte Kehrschaufel. Einer der größten Vorteile eines solchen Apparats ist seine Lautlosigkeit im Vergleich zu seinen Staubsaugercousins.

Wenn möglich, holen Sie sich ihre Einkaufsinformationen im Internet – dort sehen Sie Bilder, erfahren die Maße und lesen Rezensionen aller Produkte, aber kaufen Sie bitte nichts Teures, bevor Sie die Gelegenheit hatten, es selbst auszuprobieren. Egal wofür Sie sich entscheiden: es muss einfach instand zu halten sein (manchmal ist es durchaus vorteilhaft, wenn ein Beutel fehlt). Alle Geräte mit einer rotierenden Bürste nehmen auch Tierhaare auf, obwohl es manchmal heikel werden kann, die unvermeidlichen langen Haare zu entfernen, die sich fest um die Spindel wickeln.

Wie wär's mit einem Saugroboter?

Technikbegeisterten macht diese Option, eine langweilige Hausarbeit zu erledigen, womöglich Spaß. In der Tat ist ein Saugroboter fast eine Art Haustier: er streift durch Ihr Haus und erschnüffelt Staub und Krümel, muss aber nicht gestreichelt und gefüttert werden. Die meisten sind so groß wie eine große Hutschachtel in schwarz oder in weiß. Sie sind klein genug, um mit einem Platz unterm Bett vorlieb zu nehmen und machen ihre Arbeit zufriedenstellend, vorausgesetzt, Sie wohnen in einem sowieso schon ziemlich gepflegten und ordentlichen Zuhause ohne allzu viele Hindernisse.

Manche drehen ihre scheinbar zufälligen Runden (obwohl sie natürlich den Raum die ganze Zeit genau im Blick haben). Man kann sich für verschiedene Modi entscheiden wie automatisch, manuell, Schmutzfleck, punktgenaues Säubern, Turbo und Staubsensor. Turbo ist die stärkste Funktion und nimmt den meisten Schmutz und Staub auf. Einige Maschinen haben eine Fernbedienung, sodass man sie vom Schreibtisch oder vom Sofa aus dirigieren kann. Aber je mehr Kontrollmöglichkeiten vorhanden sind, desto teurer wird das Gerät. Einige haben Kehrbürsten, die seitwärts hervorstehen und den Staub auffegen, damit er aufgesaugt werden kann, während andere den Staub von unten aufsaugen. Bei etlichen Modellen muss man den Akku aufladen oder ersetzen, was fummelig sein kann. Die billigste und einfachste Variante hat womöglich nur drei Knöpfe: S, M und L, was für einen kleinen, mittleren und großen Raum steht, sodass nicht allzu viel Programmierung anfällt. Allerdings nehmen sie nur harte Fußböden und kurzflorige Teppiche in Angriff. Für einige Modelle kann man eine App herunterladen und vom Smartphone aus ein Reinigungsprogramm in Gang setzen (und den Fortschritt unterwegs kontrollieren), aber ich finde das eine Spur zu aufwändig. Wenn ich unterwegs bin, habe ich Besseres zu tun, als die Hausarbeit zu checken – nein danke.

Überprüfen Sie Ihre Haushaltsreiniger

Es gibt zahlreiche spezielle Reinigungsmittel mit vielen Chemikalien. Sie können ein Vermögen ausgeben und für jede Anforderung im Haushalt ein eigenes Präparat kaufen, wobei es sehr verlockend ist, zu viele zu kaufen. Bitte glauben Sie mir, wenn ich sage, dass Sie längst nicht alle brauchen. Was Sie für den täglichen Einsatz im Haus benötigen, sind Mittel für den Umgang mit Fett, mit Ablagerungen wegen hartem Wasser und Staub und eventuell mit ein wenig Schimmel – das wär's dann auch schon. Drei Reinigungsmittel in Spritzflaschen würden genügen, um Ihr ganzes Zuhause zu

reinigen. Sie brauchen keine Zubereitung für Kacheln, eine andere für Glas, eine weitere für Ihren Schreibtisch und eine andere für Arbeitsplatten.

Es gibt ein paar elementare Bestandteile, aus denen Haushaltsreiniger bestehen:

Säuren und Basen

Säuren und Basen machen einen großen Teil der meisten chemischen Reinigungsmittel aus. *Säuren* sind wasserlöslich und bringen eine saure Lösung hervor. Sie werden benötigt, um Blut, Öl und Nahrungsrückstände zu entfernen, wobei die am häufigsten in käuflichen Produkten verwendete Säure Phosphorsäure ist. *Basen* (Ammoniak, Ätznatron und andere Natronbestandteile) sind ebenfalls wasserlöslich. Ätzende Reinigungsmittel sind vornehmlich basisch und enthalten häufig Natronlauge. Basen neutralisieren Säuren, lassen tierische und pflanzliche Substanzen wie Wolle, Seide und Viskose verfaulen und verändern die Farbe vieler Farbstoffe.

Ein neutrales Reinigungspräparat enthält eine ausgewogene Mischung aus Säuren und Basen, hat einen pH-Wert von 7 und lässt sich verwenden, um eine Grundreinigung im ganzen Haus durchzuführen.

Technisch fortschrittliche chemische oder biologische Reinigungsmittel könnten Sie bei Ihrem Händler für Reinigungsbedarf zwar billiger en gros kaufen, aber obwohl ein Großeinkauf Einsparungen verspricht, könnte das Umfüllen der Mittel oder selbst schon die Lagerung großer Behälter mehr Unannehmlichkeiten bereiten, als Vorteile bieten.

Von den vielen Hundert Reinigungsmitteln auf dem Markt benötigen Sie nur wenige:

1. Einen neutralen Allzweckreiniger, mit dem man fast alle Reinigungsarten erledigen kann und der für nahezu alle Oberflächen unbedenklich ist.
2. Ein Desinfektionsmittel, das Keime abtötet, zum Beispiel, um eine Arbeitsfläche nach der Zubereitung von Fleisch oder Geflügel abzuwischen oder für den Toilettenbereich des Badezimmers.
3. Ein fettlösender Hochleistungsreiniger für Fettflecke, insbesondere in der Küche. Er enthält einen hohen Prozentsatz einer milden Säure, um die Fettablagerungen aufzulösen (achten Sie auf einen pH-Wert von ungefähr 7 auf dem Etikett).
4. Einen Fensterreiniger – wenngleich der nicht unbedingt nötig ist, wenn Sie meinem Rat folgen und Ökoreiniger verwenden (siehe Seite 30).

Außerdem habe ich einen Teppich- und Polsterschaumreiniger für Kleckereien parat. Ach ja, wenn Sie Antiquitäten haben oder traditionell polierte Holzmöbel, ist eine Möbelpolitur ratsam. Für den Backofen brauchen Sie keinen Reiniger, weil Sie in weiser Voraussicht schon einen selbstreinigenden Herd gekauft haben. Deshalb sollten die grundlegenden vier Präparate völlig ausreichend sein, es sei denn, Sie wollen Ihre Allzweckreiniger aus Bequemlichkeit in doppelter Ausführung haben: einmal in der Küche und einmal im Badezimmer.

Natürlich sparen Sie Zeit und Aufwand, wenn Sie die Oberflächen nach der Benutzung automatisch abwischen: schnell mit einem feuchten Tuch das Waschbecken und die Wasserhähne abwischen, wenn Sie sich die Hände gewaschen haben und ebenfalls über die Arbeitsflächen und den Geschirrkorb gehen, wenn Sie nach dem Kochen die Küche aufräumen. Das wird Ihren Reinigungsaufwand auf ein Minimum reduzieren. Dieses regelmäßige Wischen nimmt weniger Zeit in Anspruch als die Benutzung von Zahnseide und sorgt dafür, dass die Hausarbeit übersichtlich bleibt.

Sorgen Sie dafür, dass Sie Ihre Reinigungsmittel irgendwo verstauen können, wo Sie a) sie sehen und b) sich das gewünschte schnappen können. Wenn Sie

Kinder haben, sollten Sie die giftigen chemischen Reiniger natürlich auf ein hohes Regal stellen, sodass sie keinen Zugriff haben. Ich kannte einmal einen kleinen Jungen, der dabei ertappt wurde, wie er einen Badreiniger trank, der in eine Fruchtsaftflasche umgefüllt worden war und unter dem Waschbecken stand – Krankenhaus, Magen ausgepumpt. Es ging gut für ihn aus, aber man sollte Kindern eine solche Erfahrung ersparen.

Sagen Sie ja zu Ökoreinigern

Leider können die Säuren und Basen in chemischen Markenartikeln äußerst stark und toxisch sein. Sie können zu Hautausschlag und verschärften Atembeschwerden führen. Außerdem werden sie in die Kanalisation gespült, landen in Flüssen, wo sie das Wasser verseuchen und Fische sowie andere Wildtiere schädigen. Wenn es andere Reinigungsmöglichkeiten gibt, dann sollten wir sie nutzen.

Eigentlich müssen Säuren und Basen nicht in Form patentierter Produkte gekauft werden. Wenn Sie ökologisch bewusst damit umgehen und ungefährlichere und weniger giftige Substanzen benutzen wollen, sollten Sie wissen, dass Zitronen und Haushaltsessig Säuren sind und Natron (Backsoda) basisch ist. Sie alle werden täglich beim Kochen verwendet und es ist erfreulich, wie groß der Anteil Ihrer Reinigungsarbeit ist, der ausschließlich mit diesen drei Substanzen erledigt werden kann. Da diese für den menschlichen Verzehr geeignet sind, ist ihre Anwendung obendrein völlig ungefährlich.

Man kann durch hartes Wasser hervorgerufenen Kesselstein im Badezimmer mit Essig entfernen, der auch, mit einem milden Geschirrspülmittel und Wasser vermischt, zum Fensterputzen verwendet werden kann. Zitronensaft eignet sich großartig zum Säubern des Innenraums Ihrer Mikrowelle. Und Backsoda, auch bekannt als Natron, ist eine schwache Base, die zahlreiche Anwendungsmöglichkeiten im Haus bietet. So ist Natron beispielsweise für die Reinigung des Kühlschrankinnenraums geeignet, während ein kleines Gefäß mit Natron im Kühlschrak unangenehme Gerüche absorbiert. (Ich weiß, es sollten gar nicht erst unangenehme Gerüche im Kühlschrank entstehen, aber denken Sie wirklich immer daran, den kleinen Rest Thunfisch abzudecken?) Natron lässt sich außerdem zur

Reinigung von Arbeitsflächen, Edelstahlwaschbecken und sogar gegen verkrustete Speisereste an Backofengeschirr einsetzen. Streuen Sie es im trockenen Zustand auf Hundekörbchen oder auf die muffig riechende Katzendecke, lassen Sie es eine Viertelstunde einwirken und saugen Sie es mit dem Staubsauger ab. Üben

Sie sich in Geduld. Die 15 Minuten Wartezeit, damit es einwirken kann, sind wichtig. Sie verhindern, dass Sie das Verfahren zwei oder drei Mal wiederholen oder wie wild schrubben müssen. Wenn Sie eine Handvoll zum Waschmittel dazu geben, trägt es dazu bei, den pH-Pegel auszugleichen und die Wäsche sauberer zu machen. Es hilft bei müffelnden Sportschuhen (trocken einstreuen, eine halbe Stunde ziehen lassen und dann ausschütteln). Falls Sie einmal zu lange auf die Müllabfuhr warten müssen, streuen Sie einen Löffel in die Bio- oder Mülltonne, um zu verhindern, dass sie anfängt zu stinken.

Welche Tücher?

Dieser Teil Ihrer Ausstattung scheint zwar nicht allzu wichtig zu sein, aber die Haushaltstücher haben heutzutage einen hohen Stand der Technik erreicht, und es gibt so viele unterschiedliche Produkte mit oder ohne »integriertem« Desinfektionsmittel – Baumwolle, Frottee, Leinen, Zellstoff, haltbar oder wegwerfbar, aus Stoff oder als Schwamm – dass die Auswahl schwerfällt. Sie wollen doch sicher nichts Althergebrachtes wie einen »Waschlappen« aus einem alten

Unterhemd, der so verschlissen ist, dass er nichts mehr aufsaugen kann.

Man kann Tücher für die Küchenarbeit kaufen, die mit Desinfektionsmittel getränkt sind. Mögen sie auch noch so nützlich sein, so sind sie dennoch kein Ersatz, um den Kochbereich und das Waschbecken trocken und sauber zu halten, und wenn sie dafür ohnehin schon sorgen, dann brauchen Sie auch kein Desinfektionstuch. Am Wichtigsten ist es, die Tücher nach dem Gebrauch auszubreiten und trocknen zu lassen. Keime lieben Feuchtigkeit, vor allem warme Feuchtigkeit. Wenn Sie ein Tuch, mit oder ohne Desinfektionszusatz, als trauriges zerknülltes Häuflein unter den Wasserhahn liegen lassen, ist das nicht gerade hygienisch.

Welche Art von Tüchern sollten wir also benutzen? Zu den besten gehört die Familie der Mikrofasertücher. Das Wundermaterial, aus dem sie bestehen, reinigt ohne die Hilfe von Chemikalien leicht und gründlich. Nur mit etwas Wasser angefeuchtet, können Sie fast jede Oberfläche im Haus putzen, einschließlich Wände, Fensterbänke, Fußböden, Teppiche, Fensterscheiben und Kochfelder. Es gibt unterschiedliche Gewebe: feinere für Glas, rauere für Arbeitsflächen oder

Fußböden. Sie werden farblich abgestuft angeboten, sodass Sie einen Farbcode verwenden können: ein rotes für den Fußboden und ein blaues für Arbeitsflächen und Waschbecken. Man benutzt sie nur mit Wasser, Reinigungsmittel sind nicht nötig. Angeblich »beseitigen sie 99 Prozent der Bakterien, einschließlich *E. coli* und Listerien«. Sie müssen sie nach der Benutzung lediglich ausspülen und trocknen lassen. Gönnen Sie ihnen gelegentlich einen Waschmaschinendurchlauf (allerdings ohne Weichspülmittel, weil es die Wirksamkeit mindert). Sie sollen 300 Waschgänge überleben, sind also, mit anderen Worten unzerstörbar.

Für alle Schwämme und Tücher gilt: Schmutz abspülen und nach jeder Anwendung auswringen. Wenn sie anfangen zu stinken, werfen Sie sie sofort weg.

Noch schnell ein Wort zu Handtüchern: sie müssen saugfähig sein, ohne Fusseln zu hinterlassen. Der beste Stoff zum Trocknen, insbesondere für Gläser, ist 100-prozentiges Leinen, das nicht fusselt, aber ein Baumwolltuch guter Qualität tut es auch. Man sollte sie, wenn möglich, häufiger waschen und Sie sollten sie nicht benutzen, um die Arbeitsflächen oder die Unterseiten von Töpfen und Pfannen damit abzuwischen.

Achten Sie beim Onlinekauf darauf, dass Sie Tücher in Standardgröße (62 x 46 cm) geliefert bekommen, denn manchmal fallen sie kleiner aus. Diese zusätzlichen Zentimeter machen den Unterschied aus, wenn es um die Trocknungsfähigkeit geht.

Ein paar Gedanken zu Waschmaschinen

Singende und tanzende Waschmaschinen sind mit großen Kosten verbunden, stattdessen können Sie billige Maschinen erwerben, die gute Arbeit leisten. Die Frage lautet: Woher weiß man, welche man braucht? Es lohnt sich, online so viele Besprechungen wie möglich zu lesen und nach bestimmten Funktionen zu suchen. Fassungsvermögen ist eine wirklich wichtige Überlegung: Wie viel Wäsche kann die Maschine gleichzeitig aufnehmen? Eine große Familie wird eine Maschine benötigen, die drei oder vier Jeans, etliche Hemden und T-Shirts und ein oder zwei Handtücher fassen kann, ohne sie quetschen zu müssen, aber wenn Sie allein leben, wäre ein kleinerer Apparat wahrscheinlich angemessener.

Die Energieeffizienzklasse ist ein weiteres wichtiges Merkmal, vor allem bei steigenden Stromkosten. Die wirtschaftlichste ist mit einem grünen Streifen gekennzeichnet (A+++), und die am stärksten stromfressende in rot (D). Ähnliche Kennzeichnungen finden sich auf Geschirrspülmaschinen, Kühlschränken und Kühltruhen – alle neuen Geräte seit 2014 sind mit dem Etikett A oder A+ versehen. Diese Bezeichnung kann den Wasserverbrauch angeben, was vor allem dann von Bedeutung ist, wenn Sie an eine Wasseruhr angeschlossen

sind. Weiterhin wird das Fassungsvermögen benannt. Es zeigt an, wie viel Wäsche die Maschine wirksam bewältigen kann.

Sensortechnik kann die Größe der Ladung erkennen und Wasser, Energie und Zeit entsprechend anpassen, um das energieeffizienteste Waschen zu ermöglichen. Einige billigere Maschinen profitieren von dieser Technologie. Die Wirtschaftlichkeit eines Trockenschleudergangs ist von immenser Bedeutung, wenn Sie möchten, dass Ihre Kleidung schnell trocken wird – die schnellste Schleudergeschwindigkeit schleudert einen großen Teil des Wassers aus der Wäsche heraus, und wenn eine Maschine 800 oder mehr Umdrehungen pro Minute schafft, dann sind die meisten Kleidungsstücke trocken genug, um sie gleich bügeln zu können.

Außerdem sollten Sie herausfinden, wie laut die Maschine ist, sowohl beim Waschen als auch beim Schleudern. Mit einem guten Trockenschleuderprogramm könnten Sie auf einen Wäschetrockner verzichten, was vorteilhaft ist, wenn Sie nicht viel Platz haben oder nicht so gut bei Kasse sind. Kostspieligere Maschinen bieten eventuell einen »flüsterleisen« Lärmpegel, was das Leben Ihrer Nachbarn angenehmer macht, falls Sie Ihre Wäsche nachts waschen wollen. Was die Programmwahl angeht, würden es viele von uns vorziehen, wenn die Maschinen nicht so kompliziert wären, und die meisten hätten gern mindestens ein Programm, dass nur eine halbe Stunde lang läuft oder noch kürzer ist.

Natürlich können Sie, sobald Sie Ihre Entscheidung getroffen und die Maschine angeschlossen haben, ihre Tücken austricksen, indem Sie sich die Mühe machen und die Bedienungsanleitung lesen (und verstehen). Allerdings sind diese gelegentlich mit Vorsicht zu genießen. So können Sie zum Beispiel mit Sicherheit etwas weniger Waschmittel hinzugeben als die empfohlene Menge, und das Gerät wird trotzdem seine Arbeit noch gut erledigen. In Wirklichkeit kann die Einhaltung der empfohlenen Menge dazu führen, dass Reste des Waschmittels nach dem Spülen in der Wäsche bleiben, sodass Sie womöglich eine weitere Spülung vornehmen müssen, weil Waschmittelreste Schmutz anziehen. Im Handbuch wird angegeben, welche Temperatur für ein bestimmtes Programm geeignet ist, wenngleich Sie dieses Programm wahrscheinlich gar nicht wollen, wenn Sie ein Niedrigtemperatur-Waschmittel nehmen.

Ignorieren Sie die Bedienungsanleitung

Wir waschen so häufig, dass wir manchmal gar nicht erkennen, dass wir nicht das Beste aus unseren Maschinen herausholen. Aber es gibt einige Dinge, die Sie tun können, um ihre Waschladung effizienter zu machen. So sorgt zum Beispiel die Wahl der richtigen Wassertemperatur bei jeder neuen Wäsche für einen großen Unterschied. Kühles Wasser ist gut für feine Stoffe, für Kleidung, die schrumpfen kann oder für dunkle Farben, die zum Abfärben neigen. Außerdem ist es nicht zu verachten, dass dabei die Kosten für die Aufheizung des Wassers reduziert werden.

Heißwasserprogramme sind für Baumwolle und Leinen gedacht – zum Beispiel für Handtücher und Bettwäsche, weiße Hemden, verschmutzte Arbeitskleidung sowie Öl- und Fettflecke (natürlich nicht alles in derselben Ladung).

Bestimmte Dinge stehen in keinem Handbuch. Wenn Sie zum Beispiel nicht wollen, dass Ihnen synthetische Kleidung nach dem Waschen am Körper kleben bleibt, lassen Sie sie am Ende eines Trocknungszyklus zwanzig Minuten lang kalt schleudern, um die statische Aufladung zu reduzieren. Ein kalter Spülzyklus verhindert obendrein die Entstehung von Falten in künstlich hergestellten Geweben. Wussten Sie eigentlich, dass ein dem Trockenschleudergang zugefügtes trockenes Handtuch Feuchtigkeit aufsaugt und die Trocknungszeit reduziert? Ein Wäschetrockner ist eine teure, wenn auch wirksame Methode, Kleidung zu trocknen. Falten Sie die Kleidung (wenn sie ganz trocken ist), sobald Sie sie aus dem Wäschetrockner nehmen, und Sie brauchen sie gar nicht oder nur wenig zu bügeln.

Benutzen Sie möglichst Niedrigtemperaturwaschgänge, Sparwaschgänge und Programme für halbe Ladungen, um Wasser und Elektrizität zu sparen. Kaufen Sie genügend Kleidung, die Sie häufig wechseln wie Unterhemden, Unterhosen und Strümpfe, sodass Sie die verschmutzen Teile ansammeln und alle gleichzeitig waschen können. Überladen Sie allerdings Ihre Maschine nicht. Kleidung braucht Platz, um sich zu bewegen, wenn Sie sie wirklich sauber herausholen möchten.

Vergessen Sie nicht den Vorwaschgang. Dieses Programm bewegt den Inhalt der Waschtrommel hin und her und kann sogar das Reinigungsmittel überflüssig machen, bevor der Hauptwaschgang beginnt. Es ist ein gutes Verfahren, stark verschmutzte Kleidung zu säubern, ohne eine sehr heiße Wäsche machen zu müssen oder das Programm zweimal durchlaufen zu lassen.

Waschen Sie synthetische Stoffe jedes Mal nach dem Tragen. Es kann sehr schwer werden, sie sauber zu bekommen, wenn man sie fleckig oder sehr schmuddelig werden lässt. Dasselbe gilt auch für Seide, weil starke Deodorants und Schweißabsonderungen die Fasern schwächen können.

Das sollten Sie über Ihre Waschmittel wissen

Da kommt also die schwierige Entscheidung auf Sie zu, welche Waschmittel Sie benutzen sollten. Hier haben die Hersteller schlauerweise eine so große Vielfalt produziert – mit so vielen unterschiedlichen Bestandteilen, die angeblich so viele verschiedene Funktionen haben – dass Sie sich jetzt den Kopf zerbrechen müssen, um eine Entscheidung zu treffen. Sie beginnen mit Säuren und Basen, wie bei Haushaltsreinigern, fügen aber häufig eine Menge Komponenten hinzu, um das ganze tadelloser aussehen zu lassen.

Waschmittelhersteller bemühen sich, ihre einzigartigen magischen Rezepte geheim zu halten, insbesondere vor ihrer Konkurrenz. Jedes Produkt ist ein Cocktail exotischer Inhaltsstoffe, deren Ziel es ist, Flecken und Schmutz aus der Kleidung zu entfernen und den Stoffen ein frisches, sauberes Aussehen zu verpassen. Das können Bestandteile sein, die von Pflanzen stammen oder synthetisch hergestellt wurden. Anteile und Ausgewogenheit dieser Inhaltsstoffe, führen zu unterschiedlichen Ergebnissen.

Es wird Sie vielleicht überraschen, wie viele Bestandteile heute in den freiverkäuflichen Waschmitteln zu finden sind. Deshalb sollten wir einen Blick darauf werfen. Sämtliche Waschmittel enthalten einige oder alle der folgenden Komponenten:

Tenside: Das sind aktive Reinigungswirkstoffe, die den Schmutz lösen, der normalerweise nicht wasserlöslich ist.

Builder oder Gerüststoffe: Das sind Basen, die die Wirksamkeit der Tenside verstärken.

Basen: Sie erhöhen den pH-Wert des Wassers, was dazu beiträgt, öligen und säurehaltigen Schmutz aufzulösen. Sie bilden eine Emulsion, in der die öligen oder löslichen Teilchen gebunden bleiben, sodass sie nicht zurück auf den Stoff gelangen. Die gebräuchlichsten Basen sind Ätznatron und Kaliumhydroxid. Die stärksten Basen sind gefährlich, wenn sie verschluckt werden. Sie können Stoffe beschädigen, sodass sich die Kleidung rau auf der Haut anfühlt.

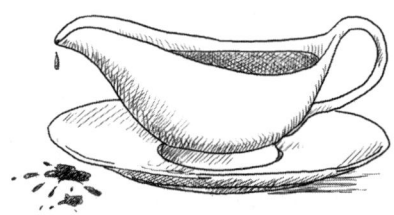

Enzyme: Das sind biologische Moleküle, die chemische Reaktionen beschleunigen und dazu beitragen, Flecken zu entfernen. Sie enthalten Proteasen (die Blut, Ei und Soße auflösen), Amylasen für Stärken und Lipasen für Fette und Schmierfette. Sie sind ein natürliches Phänomen (und finden sich zum Beispiel in Hefe). Sie ermöglichen es uns, eine niedrigere Wassertemperatur zu wählen und weniger Waschmittel zu benutzen. Manche Menschen sind empfindlich gegenüber Enzymen. Betroffene sollten daher ein nichtbiologisches Waschmittel benutzen.

Sauerstoffbleiche (Natriumpercarbonat oder Wasserstoffperoxid) kann für Buntwäsche eingesetzt werden, ohne die Farbe anzugreifen.

Desinfektionsmittel: Diese enthalten Chemikalien wie zum Beispiel Chlor, Phenol und quaternäre Ammoniumverbindungen. Sie werden benutzt, um die Zahl der Bakterien und anderer Organismen zu reduzieren.

Weichspülmittel: Sie enthalten *Konservierungsstoffe*, um das Waschmittel vor dem Verfall zu schützen, falls es zu lange auf Vorrat gehalten wird, *Lösungsvermittler*, um zu verhindern, dass sich das Waschmittel im Behälter abtrennt sowie *Schaumregler*, damit die Maschine an der Öffnung nicht schäumt. Außerdem haben sie *Korrosionsschutzmittel,* um zu verhindern, dass die Chemikalien die Maschine beschädigen.

Schließlich gibt es wahrscheinlich noch *Farbstoffe* und *Färbemittel.* Sie machen zwar die Wäsche nicht sauberer, lassen sie aber sauberer aussehen. Auch sie können Hautreizungen auslösen. Jeder dieser Inhaltsstoffe kann mit etlichen verschiedenen Chemikalien einhergehen, sodass Sie es mit einem Cocktail aus Dingen zu tun haben, die die Umwelt verschmutzen und Hautallergien und Asthma verschlimmern können. Natürlich bieten Hersteller einfachere Waschmittel an, die die Haut nicht reizen und die mildere Bestandteile haben.

Waschpulver funktioniert im Allgemeinen ganz gut und ist womöglich billiger als Flüssigreiniger, aber in kaltem Wasser löst es sich nicht immer gut auf und hinterlässt dann weiße Rückstände auf den Geweben. Flüssige Waschmittel gibt es in einer Vielfalt von Bechern und Rezepten und sind in Kapseln (Pods) erhältlich. Das heißt, man muss die Menge nicht abmessen, sondern wirft die Kapseln einfach in die Trommel hinein. Dann gibt es noch »Wäschekugeln« – die unterschiedliche Inhaltsstoffe wie Kügelchen aus Keramik, magnetisches Material oder einfach nur farbige Flüssigkeit und/oder Reinigungsmittel haben, die angeblich wirksam sind. Obwohl die meisten Waschmittel in kaltem Wasser funktionieren, ist es ratsam, sich für eines zu entscheiden, das eigens dafür rezeptiert wurde, falls Sie beabsichtigen, die Waschoption häufiger zu anzuwenden.

Sie könnten natürlich auch versuchen, mithilfe von Seife, Borax und Waschsoda Ihr eigenes Waschmittel herzustellen – was der Umwelt zugutekäme, aber hartnäckige Flecken und groben Schmutz wahrscheinlich nicht beseitigen würde. Und ich kann mir vorstellen, dass sich nur sehr wenige glücklich schätzen können, in ihrer Freizeit damit zu experimentieren.

Seien Sie besser als Ihre Geschirrspülmaschine

In Ausstellungsräumen und auf Websites stehen Geschirrspüler in Reih und Glied. Sie verbreiten Glanz und machen einen gepflegten und effizienten Eindruck. Aber welches Modell ist am besten für Sie geeignet? Wenn Sie kein großartiger Koch sind und meistens außer Haus essen, brauchen Sie keinen Familiengeschirrspüler. Sollte es Ihnen aber Freude bereiten, für Familie und Freunde zu kochen, vergewissern Sie sich, dass das Gerät große Töpfe, Pfannen und Servierschüsseln aufnehmen kann. Ein schmaler Geschirrspüler nimmt weniger Platz weg. Vielleicht erwägen Sie sogar, ein Tischgerät auf die Arbeitsfläche neben dem Spülbecken zu stellen. Sie könnten auch in Betracht ziehen, Ihr bisschen Geschirr mit der Hand abzuwaschen. Es soll Leute geben, die das machen!

Nehmen wir an, Sie haben sich für einen Geschirrspüler entschieden. Wie bei Waschmaschinen sind Energieeffizienz und Geschwindigkeit die ersten Dinge, die Sie prüfen sollten, wenn Sie so einen Apparat kaufen wollen. Alle Modelle sind nach ihrem Energieverbrauch eingestuft. Ein Ökoprogramm verbraucht weniger Energie und Wasser. Probieren Sie verschiedene Programme und entscheiden Sie sich für die energiesparendste Einstellung, die ein akzeptables Ergebnis hervorbringt – und wenn Sie sich für den Zustand der Umwelt interessieren, dann sollten Sie ausschließlich Geschirrspülmittel nutzen, die biologisch abbaubar und phosphatfrei sind.

Wie gut ein Geschirrspülautomat wäscht, hängt in gewissem Ausmaß davon ab, wie Sie das Geschirr vorbereitet haben, das hineinkommt – ob Sie die Essensreste abgekratzt haben oder ob sie an Tellern und Besteck festgetrocknet sind. Das richtige Einräumen ist wichtig und ich habe Verständnis für Leute, die niemand anderen das Geschirr einräumen lassen – schlecht platzierte Gegenstände können die Wasserstrahlen oder die sich drehenden Sprüharme behindern

oder den Austritt des Geschirrspülmittels aus dem Behälter blockieren.

Dann ist da noch das Problem, ob man sich für einen Apparat mit Warm- oder Lufttrocknung entscheidet. Der Warmtrocknungszyklus pumpt sehr heiße Luft durchs Geräteinnere und ein kleiner Sauglüfter zieht die Feuchtigkeit durch Luftlöcher ab. Eine Maschine mit Lufttrocknung nutzt Luft mit Zimmertemperatur, sodass keine zusätzliche Erwärmung benötigt wird. Für Warmtrocknung wird offensichtlich mehr Energie verbraucht als für Lufttrocknung. Deshalb ist sie auch teurer im Betrieb, aber nach einem Lufttrocknungszyklus kann das Geschirr einen leichten Film oder Feuchtigkeitsflecken haben, was heißt, dass Sie es mit einem Tuch abtrocknen müssen, bevor Sie es wegstellen. Außerdem sollten Sie auf Sicherheitsverschlüsse zum Schutz Ihrer Kinder und auf Vorrichtungen achten, die Überschwemmungen verhindern (was besonders wichtig ist, wenn Sie in einem oberen Stockwerk wohnen und nicht das Leben des Nachbarn unter Ihnen ruinieren wollen).

Wenn Sie dann schließlich den Geschirrspüler Ihrer Träume gefunden haben, ersparen Sie sich viel Ärger und Streit, wenn Sie ihn gut behandeln. Egal welche Option Sie wählen, Ihr Geschirrspüler sollte so nah wie möglich am Spülbecken stehen. Verwenden Sie stets das Geschirrspülmittel und den Klarspüler, die vom Hersteller empfohlen werden.

Es ist verlockend, zu viel Geschirrspülmittel einzusetzen, vor allem in Regionen mit weichem Wasser oder falls Ihre Maschine einen eingebauten Wasserenthärter hat. In diesem Fall sollten Sie daran denken, regelmäßig aufzufüllen.

Vielleicht haben Sie auch schon einen graublauen Belag auf den Klingen von Edelstahlmessern festgestellt, der deren schönes Aussehen ruiniert. Die Mischung aus heißem Wasser und Geschirrspülchemikalien kann Verfärbungen auf Edelstahlbesteck hervorrufen und zu diesem bläulichen Belag führen. Manche Hersteller raten davon ab, unterschiedliche Metallgegenstände in Geschirrspülern zusammenzubringen wie etwa verchromten Stahl, Edelstahl und Silberteller, da die Vielfalt der Metalle chemische Reaktionen verursachen kann, die diesen blauen Belag zur Folge haben. Auch die Verwendung von zu viel Klarspüler kann dies bewirken.

Den Geschirrspüler halb leer in Betrieb zu nehmen, ist ein teurer Fehler. Mit einer doppelten Ausstattung von Besteck und Geschirr haben sie immer noch etwas, womit und wovon Sie essen und woraus Sie trinken können, während sich die Maschine allmählich füllt. Wenn Sie aber andererseits glauben sollten, Sie könnten den Geschirrspüler als eine Art Vorratsschrank benutzen, sobald alles sauber ist, sollten Sie noch einmal darüber nachdenken. Sie müssen ihn ausräumen, sobald der Trocknungszyklus abgelaufen ist, weil sonst Schmierspuren auftreten, abgesehen von der Tatsache, dass die sauberen Sachen unweigerlich mit der nächsten Ladung durcheinandergebracht werden und wahrscheinlich unnötigerweise ein zweites Mal gewaschen werden. Ach ja, Sie sollten natürlich den Filter und die Sprüharme nach jeder Benutzung säubern – es dauert nur einen Augenblick, sie zu entfernen und auszuspülen, was späteren Ärger mit Verstopfungen vorbeugt.

Jeder hat schon mal den Geschirrspüler geöffnet und eine verformte Plastikschüssel gefunden, die während des heißen Verfahrens schmolz. Was man nicht zu waschen versuchen sollte, sind wärmeempfindliche Kunststoffe, Holzschüsseln, Isoliergeschirr, Glas mit einem Metallrand, filigranes Porzellan und geschliffenes Glas, Eisenwaren, unglasierte Keramik, lackierte Metalle und Hochglanzaluminium. Wenn Sie Ansammlungen solcher Gegenstände haben, müssen Sie sie wohl, so fürchte ich, per Hand abwaschen.

Es wird Zeiten geben, wo Sie ohnehin etwas Geschirr per Hand abwaschen müssen. Alles, was man nicht in die Maschine stellen kann wie beispielswiese das Porzellan, das Sie von Ihren Großeltern geerbt haben, aber auch manchmal ein paar Becher und Teller, wenn Leute unerwartet zu Besuch kommen, und es nichts Sauberes gibt, woraus man trinken kann, weil alles im Geschirrspüler steht.

Es gibt natürlich viele Menschen, die dies lesen und keinen Geschirrspüler haben, manchmal aus Not (wegen der Kosten oder zu wenig Platz) und manchmal aus freien Stücken. Vielleicht sind Sie, genauso wie ich, exzentrisch genug, um tatsächlich den Abwasch lieber selbst zu machen. Ich glaube, ich gehöre zu den wenigen Menschen auf der Welt, die Spaß daran haben. Ich habe nichts dagegen, solange ich es nach Belieben um Mitternacht oder nach dem Frühstück machen kann, wenn ich Lust dazu habe.

Also rate ich denen, die den Abwasch per Hand machen, eine Plastikschüssel ins Spülbecken zu stellen, da man dadurch weniger Wasser verbraucht. Gleichzeitig scheppert es dann auch nicht so, die empfindlichen Gegenstände werden weniger beansprucht, und es ist insgesamt einfacher, das Geschirr sauber zu wischen. Es gibt auch eine sinnvolle Reihenfolge beim Abwasch: saubere und empfindliche Gegenstände zuerst, wie zum Beispiel Gläser (aber verwenden Sie dafür kein allzu heißes Wasser, weil sie sonst zerbrechen), dann folgt das Besteck (ein bisschen fummelig, daher sollten Sie es früh genug hinter sich bringen). Natürlich haben Sie noch ein paar Töpfe übrig, die Sie einweichen müssen, sodass die Speisereste abgehen. Angebranntes Essen muss länger eingeweicht werden, aber dafür müssen Sie beim Abwasch nicht mehr schrubben, glauben Sie mir.

Wenn Sie schnell einen Topf brauchen und vergessen haben, ihn einzuweichen, ist es sinnvoll, die unterschiedlichen Materialien und ihre Eigenarten zu kennen. *Aluminium* sollte zum Beispiel so schnell wie möglich gereinigt werden, mit Spülflüssigkeit und Stahlwolle, wenn nötig – aber verwenden Sie kein Kristallsoda. *Emailliertes Gusseisen* (wie Le Creuset) braucht etwas vergleichsweise Sanfteres wie einen Topfkratzer aus Nylon – bitte benutzen Sie keine Kratzer aus Kupfer oder Messing. *Emaillierter Stahl* platzt sehr schnell ab, sodass Sie ihn schonend behandeln müssen – ein Schwamm mit einer Nylonseite ist schon rau genug. *Edelstahl* muss lediglich gut eingeweicht werden und sollte dann in Spülflüssigkeit ausgewaschen werden. Verwenden Sie keine Scheuermittel und reiben Sie den Gegenstand trocken, sobald Sie fertig sind. Beenden Sie dann den Arbeitsgang mit einem geeigneten Edelstahlreiniger. Benutzen Sie einen Kratzer mit Nylon- und Schwammseite für *feuerfeste Keramik* und feuerfestes Glas, um eingebrannte Speisereste zu entfernen. Greifen Sie zu einem Metallkratzer, sonst zerkratzen Sie die Glasur. Dasselbe gilt für Pfannen mit Antihaftbeschichtung. Dafür sollten Sie einen nicht scheuernden Nylonschwamm nehmen.

Haushaltsutensilien

Ein Profikoch hat eine *batterie de cuisine*, das heißt eine Ausrüstung, die für seinen individuellen Kochstil unerlässlich ist, und die er mit äußerster Sorgfalt ausgewählt hat. Wie Sie sich denken können, stammt der Begriff aus einer Zeit, als die französische Küche als die *crème de la crème* kultivierten Kochens galt und jedes französische Kochbuch eine Liste von Utensilien enthielt, die für notwendig erachtet wurden, um eine Béchamelsoße, ein Hacksteak oder *iles flottantes* (»Schwimmende Inseln«, eine Eiernachspeise) zuzubereiten. Das ist auch heute noch ein sinnvolles Konzept, wenngleich bei unserem globalisierten Blick auf Speisen die Liste eher einen Wok anstelle eines Wasserbadtopfs enthalten müsste.

Ein ähnlicher Ansatz für Ihre Haushaltsgeräte kann Ihnen helfen, sich darüber klar zu werden, dass Sie nur solche Geräte haben, die Ihre Hausarbeit eher zum Vergnügen als zu einer lästigen Pflicht werden lassen. Es macht nun mal keinen Sinn zu versuchen, Ihr Haus in Schuss zu halten, wenn der Schlauch Ihres Staubsaugers mit Paketklebeband geflickt ist, der Besenstil ständig aus dem Besenriegel herausfällt und die Klobürste so verschlissen ist, dass sie das U-Rohr nur schrammt. Ich kann Ihnen nicht sagen, was Sie am meisten brauchen, weil es davon abhängt, ob Sie in einer stattlichen Villa, einer Datscha oder in einem

Mehrfamilienhaus wohnen. Der weise Hauseigentümer wählt nur die Dinge aus, die notwendig sind, aber die sollten dann auch die besten oder effizientesten sein.

Hier sind also ein paar Vorschläge für Ihre *Haushaltsutensilien*. Ich schlage vor, Sie entscheiden sich für so wenige wie möglich, die aber alle Erfordernisse Ihres Zuhauses erfüllen. Vergewissern Sie sich, dass sie ihre Arbeit gut machen, leicht aufzubewahren sind und dass es Spaß macht, sie zu benutzen.

Besen, Handfeger und Kehrblech

Jedes Zuhause braucht sie, ganz gleich welche anderen technischen Haushaltshilfen vorhanden sind. Ich erinnere mich, wie stolz ich war, als ich mit 18 Jahren ein kleines rotes Plastikkehrblech mit Handfeger kaufte. Ich war so begeistert, als wäre es ein nagelneuer Rennwagen.

Teppichroller

Ja – Sie können sie tatsächlich noch kaufen. Altmodische, vor- und zurückfahrende, per Hand betriebene

Objekte, die Sie eher im Souterrain von Downton Abbey vermuten würden. Die Entsprechung eines handbetriebenen Rasenmähers für drinnen, würde ich sagen, aber nur gut für kleine Flächen und für ohnehin schon ordentliche Haushalte. Sie sollten nach einem Modell Ausschau halten, das harte Fußböden, Teppiche und Vorleger reinigt, ohne Druck ausüben zu müssen. Ein großer Vorteil – hier trifft wieder die Rasenmä-

her-Analogie zu – besteht darin, dass ein Teppichroller ein eher beruhigendes Geräusch von sich gibt, statt des aggressiven Fiepens und Heulens einer elektrisch betriebenen Maschine. Eigentlich kann man mit einem solchen Gerät nicht viel falsch machen.

Staubsauger

Hier haben Sie das gesamte Spektrum elektrischer Reiniger: hinter sich herziehen, vor sich her schieben, Stielstaubsauger, trudelnd, schnurlos, Nass- & Trockensauger und natürlich die Turboversion (siehe Seite 24).

Wischmopp

Für winzige Zimmer und harte Fußböden. Nehmen Sie einen mit einer rechteckigen Grundplatte, die einen austauschbaren Schwamm hält, was genau das Richtige für ein winziges Einzimmerapartment oder eine kleine Küche ist. Ich meine nicht diese uralten Teile, die aussehen wie ein ungarischer Hirtenhund mit wuschligem Kopf, den man in einem Eimer auswringen muss, und der dann irgendwo zum Trocknen rumliegt. Ein Schwamm-Mopp ist längst nicht so pflegeintensiv.

Eimer

Der ist immer nützlich, selbst wenn man nur Mopps und Tücher darin auswringt.

Fensterabzieher

Das ist ein Gummistreifen an einem Handgriff. Es ist das bei weitem beste Gerät zum Reinigen von Fenstern. Sie sollten einen in der Dusche parat haben, sodass die Benutzer (hoffentlich) die Glaskabine anschließend schnell abwischen können.

Spinnennetzbürste

Denken Sie jetzt mal an die Flächen über dem Fußboden. Früher oder später werden Sie an die kleinen Nester von Spinnweben heran wollen, die sich in den Ecken unter der Decke ansammeln, ganz zu schweigen vom Staub, der sich auf Tür- und Bilderrahmen legt. Sie können ihn zwar mit einem Besen wegfegen, aber das wäre in etwa so, als nähmen Sie einen Vorschlaghammer für eine Reißzwecke. Spinnennetzbürsten mit einem langen Handgriff sind genau dafür gedacht, aber jene mit einem Teleskopgriff neigen leider dazu, ihre wollenen Köpfe flapsig hin und her zu schwenken, was es entsetzlich schwer macht, sie in den Griff zu kriegen.

Tücher

Sie sind natürlich unerlässlich (siehe Seite 33). Obwohl Mikrofasertücher für fast alles gut sind, könnte es sein, dass Sie für empfindliche Dekorationsstücke etwas Weicheres brauchen wie ein Staubtuch und ein Tuch zum Schuheputzen, vor allem wenn Sie Schuhe aus Leder mögen und farbig glänzende Schuhcreme verwenden.

Klobürste

Ein weiterer unverzichtbarer Gegenstand. Sie sollte robust sein, genügend harte Borsten außen und weichere innen. Die Bürste soll regelmäßig und oft benutzt werden, achten Sie deshalb darauf, dass sie lange hält, und dass sie ins U-Rohr und an andere verborgene Stellen gelangt.

Das ist also, was Ihre Haushaltsutensilien betrifft, die wichtigste Hardware und Software. Denken Sie bei der Anschaffung daran, zu überprüfen, ob Sie auch alles gut verstauen können. Es ist nicht sinnvoll, einen Stielstaubsauger nach Hause zu karren, wenn es keinen Schrank gibt, in dem er verschwinden kann. Meine Enkelin, die es sich nur deshalb leisten kann, in der Nähe ihres Arbeitsplatzes in London zu wohnen, weil sie sich eine Wohnung mit fünf anderen Leuten teilt, schwört auf einen kleinen Akku-Handsauger, weil es nirgends in der Wohnung Platz für ein großes Gerät gibt. Er saugt nach dem Fegen ein Häuflein Staub auf, fährt über Arbeitsflächen, Tischplatten, Bodenleisten, kommt mit Treppenstufen klar und kann an die Wand gehängt werden, wenn man fertig ist. Tatsächlich gilt: Je mehr Reinigungsgeräte Sie in einer kleinen Wohnung wie in einem gut organisierten Geräteschuppen an die Wand hängen können, umso besser. Wenn irgend möglich, hängen Sie solche Gegenstände auf, statt sie auf dem Fußboden stehen zu lassen, wo sie den Staub, den sie doch eigentlich entfernen sollen, ansammeln.

TIPPS

- Nehmen Sie Abschied von der Vorstellung eines zahmen Saugroboters und gönnen Sie sich vom gesparten Geld endlich die teure Gesichtsbehandlung, an die Sie schon so lange denken.

- Benutzen Sie zerknülltes Zeitungspapier anstelle eines Tuchs als letzten Gang beim Fensterputzen – damit gehen alle Schmierspuren vom Glas.

- Stellen Sie eine Schüssel mit Zitronen in die Küche. Sie können sie benutzen, um Ihre Mikrowelle zu reinigen, das Spülbecken aufzufrischen, über das Schneidebrett zu wischen, und wenn noch welche übrig bleiben, können Sie sie in Scheiben schneiden und für ihren nächsten Gin Tonic einfrieren.

WAS MAN NICHT TUN SOLLTE

- Waschmaschine und Trockner mit der Kapazität für eine Großfamilie kaufen, nur weil sie gerade im Sonderangebot sind. Sie werden sie gar nicht die Treppe hoch in ihr winziges Apartment bekommen.

- Ihren besten Balsamico-Essig aus Modena zum Fensterputzen verschwenden – heben Sie ihn lieber für ein köstliches Salat-Dressing auf oder träufeln Sie ihn auf Erdbeeren und Eiskrem. Handelsüblicher Bieressig reinigt die Fenster besser und ist längst nicht so teuer.

2

UNGEBETENE GÄSTE LOSWERDEN

Sie denken vielleicht, es seien nur Sie und ihre Familie, die in Ihrem Haus leben – weit gefehlt. Andere Kreaturen gehören zum Leben dazu und profitieren häufig vom Zusammenleben mit Menschen. Daher wird Ihr Zuhause, ob Sie es wollen oder nicht, im Lauf der Zeit Wirt für alle nur denkbaren ungebetenen Gäste sein. Einige von ihnen werden alles daran setzen, um Ihr Haus zu ihrem eigenen zu machen, und einige wenige werden nur eine Saison lang als Untermieter bleiben, bevor sie sich unaufgefordert wieder verkrümeln. Manche sind harmlos, lästig, nervend oder geradezu gefährlich, was von ihrem speziellen Lebenszyklus und ihren Gewohnheiten abhängig ist.

Jedenfalls werden sie sich vermehren, wenn man nicht einschreitet, und werden dann schnell zur Plage. Sie können nur hoffen, die unliebsamen Besucher in den Griff zu bekommen, obwohl Sie sich in manchen Fällen sicher wünschen werden, eine Möglichkeit zu finden, eine bestimmte Erscheinungsform komplett zu beseitigen.

Ich habe in meinem Leben mit Mäusen, Ratten, Fliegen, Kleidermotten, Wespen, Hornissen, Mücken, Ameisen, Spinnen, Silberfischchen, herumstreunenden Katzen, Flöhen, Holzwürmern und allerlei mehr zu tun gehabt. Es ist natürlich leicht, über die kleinen krabbelnden Bewegungen in den Ecken hinwegzusehen oder das Gefühl, dass etwas im Schrank herumhuscht, zu ignorieren. Aber je schneller Sie einen Störenfried identifizieren können, umso schneller können Sie das Problem in Angriff nehmen.

Die zuständigen Behörden reagieren sehr unterschiedlich, wenn sie helfen sollen, die Quälgeister unter Kontrolle zu bekommen. Häufig werden Sie an ein Schädlingsbekämpfungsunternehmen in Ihrer Nähe verwiesen, sodass Sie selbst die Kosten für deren tödliche Dienste tragen müssen.

Herumflitzende Gäste

Mäuse und Ratten

Ich wohnte einmal in einem Apartment, wo ich einen Geschirrständer aus Draht auf der Arbeitsfläche stehen hatte. Eines Morgens betrat ich die Küche und war entzückt, eine Maus vorzufinden, die mich rotzfrech hinter dem Gestell anblinzelte. Aber eine Maus wird

schon bald mehr Mäuse hervorbringen, und ist aus einem Individuum erst einmal eine Kolonie geworden, wird die Angelegenheit zu einer stinkenden Plage, da sie auf Regalen, Arbeitsflächen und Vorratsschränken regelmäßig kleine Köttel hinterlassen, die aussehen wie Torpedos. Diese kleinen Nager mit ihren glänzenden Apfelkernaugen, winzigen rosa Pfoten und nackten Schwänzen hinterlassen ihre Spuren auf der Butter, sie beißen sich durch Mehltüten hindurch und knabbern aus Gründen, die nur ihnen selbst bekannt sind, meterweise elektrische Kabel an.

Sie können versuchen, sie auszusperren, indem Sie Mauselöcher blockieren, wo Tunnel nach draußen führen, aber Mäuse können sich durch schmalste Ritzen zwängen. Sie können vom Dachboden aus hereinkommen, insbesondere in Reihenhäusern, wo sie von Haus zu Haus laufen und sich in den Dachkammern ungestört vermehren können. Oftmals ist es unmöglich zu sagen, wo genau sie herkommen.

Deshalb ist es manchmal nötig, Abschreckungsmittel einzusetzen. Die freundlichsten sind Ultraschallstecker zur Mäuseabwehr für die Steckdose, langlebige, batteriebetriebene Abwehrmittel gegen Ratten und

Mäuse, natürliche Abwehrmittel mit Pfefferminzgeruch wie zum Beispiel »Mausöl« und dergleichen mehr. Ich habe diese natürlichen Duftabwehrmittel nicht selbst ausprobiert und habe Zweifel, ob sie gegen eine echte Plage helfen.

Die beste Abwehr kann an erster Stelle eine junge, einsatzfreudige Katze sein, denn wenn Ihre Katze alt und faul ist, ist sie keine große Hilfe. Einmal habe ich meine alte Schildpattkatze erwischt, wie sie behaglich vor dem Kamin saß und direkt neben ihr eine Maus. Ich konnte nur vermuten, dass die Maus schon eine ganze Weile anwesend war und nach Einschätzung der Katze sozusagen zur Familie gehörte.

Ihre nächste Option wäre der Einsatz von Mausefallen. Das herkömmliche Modell, ein unter Federspannung stehender Metallbügel, der auf jede Maus fällt, die den Köder zu nehmen versucht (normalerweise ein Stück stark riechender Cheddar), ist eine ziemlich brutale Methode. Außerdem ist die Gefahr sehr groß, sich beim Spannen der Falle den Daumen zu quetschen. Sie funktionieren zwar, aber richten wenig gegen alte, kluge Mäuse aus, sodass es schwer ist, auf diese Weise eine ganze Kolonie loszuwerden.

Falls Sie sich mit dieser recht mittelalterlichen Form des Tötens nicht anfreunden können, gibt es andere Fallen, einschließlich einer sogenannten Tunnel-Mausefalle, die die Maus in einen Tunnel lockt und sie mit einem Schnappmechanismus tötet, sobald sie drinnen ist. Diese Modelle sind die bessere Lösung, wenn Sie kleine Kinder oder Haustiere haben, aber sie sind immer noch brutale Fallen – das Töten ist nur nicht mehr so offen sichtbar.

Manche Fallen fangen die Mäuse lebend, sodass es Ihnen überlassen bleibt, Sie irgendwie loszuwerden. Aber was macht man mit ihnen – wirft man sie in den Briefkasten des Nachbarn? Oder bringt man sie in den nächst gelegenen Park, wo sie sterben werden, weil sie keine Feld- sondern Hausmäuse sind?

Wenn alles andere versagt, bleibt Ihnen noch das Gift. Kaufen Sie ein speziell für Mäuse produziertes Blutverdünnungsmittel und folgen Sie den Hinweisen auf der Packung. Dann müssen Sie womöglich ein paar Wochen abwarten. Halten Sie das Gift fern von Lebensmitteln, Kindern und Haustieren. Und vergessen Sie nicht, wo Sie es es hingelegt haben. Andere Mausgifte, die nur für professionelle Anwendungen gedacht sind, sind im Internet erhältlich, aber sie können sehr gefährlich sein. Kaufen Sie sie daher lieber nicht.

Letztlich bleibt Ihnen vielleicht nichts anders übrig, als den Schädlingsbekämpfer zu rufen. Solche Unternehmen bieten medizinisch klingende Behandlungen wie »Einsatz bei Notfällen noch am selben Tag«, »Dreifach-Behandlungspaket« oder »Inspektion mit Endoskopkameras«. So was kann teuer werden, wird aber wahrscheinlich das Problem beseitigen, vorausgesetzt Sie haben einen Weg gefunden, wie Sie den Zugang von Mäusen in Zukunft verhindern. Manche Unternehmen bieten einen »Mausschutzservice« an, der einer erneuten Plage vorbeugen soll.

Der Großstadtmythos, dass Sie niemals mehr als sechs Schritte von einer Ratte entfernt sind, ist eben genau das – ein Mythos. Trotzdem gibt es natürlich Unmengen von Ratten und die Wahrscheinlichkeit, in irgendeinem Stadium Ihres Lebens einer Ratte in Ihrem Heim über den Weg zu laufen, ist groß. Ratten sind nicht nur größere Mitglieder der Nagerfamilie und daher auch eine Bedrohung, sondern sie stellen auch eine ernsthafte Gefahr für die Gesundheit dar. Sie fühlen sich ermutigt, wenn sie herumliegende Lebensmittel und alles Nötige für den Nestbau finden. Sie lieben alte Lumpen, Papier, offene Abfalleimer und Komposthaufen mit einem großen Anteil an Küchenabfall und Essensresten. Ich habe gesehen, wie Ratten in einem alten gepolsterten Hocker, der in der Garage abgestellt worden war, ein Nest bauten.

Manche Ratten entwickeln Immunität gegenüber Giften. Wenn Sie also glauben, Sie haben eine Ratte im Haus, ist es am ratsamsten, sofort zu Ihrem zuständigen Gesundheitsamt zu gehen und dort Hilfe für das Problem zu suchen – manchmal ist der Service kostenlos. Oder Sie rufen den nächst gelegenen Schädlingsbekämpfer an.

Fliegende Gäste

Fliegen

Es gibt vor allem zwei Arten von Fliegen, die den Hausbesitzer belästigen – Hausfliegen und Fruchtfliegen. Hausfliegen können Dutzende unterschiedliche

Krankheiten auf Menschen und Tiere übertragen. Daher ist alles, was Sie tun können, um ihre Zahl gering zu halten,
eine sinnvolle Sache. Sie brüten auf
Abfall und verwesendem Fleisch, daher
sollten Sie alle Lebensmittel abgedeckt aufbewahren
und dafür sorgen, dass die Abfalleimer gut schließende
Deckel haben. Halten Sie Abfalleimer sauber und des-
infiziert, benutzen Sie vorzugsweise Müllsäcke, statten
Sie Ihre Biotonne mit biologisch abbaubaren Säcken
aus und schließen Sie den Deckel ordentlich. Denken
Sie daran, dass dies auch für Haustierplätze gilt, die
peinlich sauber gehalten werden sollten, genau wie die
Räume für Erwachsene und Kinder.

Es gibt unterschiedliche Methoden, Hausfliegen zu
töten. Die grundlegendste ist die simple Fliegenklat-
sche, die gut funktioniert, wenn es um die einzelne,
aufdringliche Fliege geht, die einen nicht in Ruhe lässt.
Allerdings ist diese Methode nicht so gut, wenn man es
mit mehreren Fliegen gleichzeitig aufnehmen muss.
Auch wenn Fliegenfänger als altmodisch gelten, gibt es
sie immer noch zu kaufen. Sie sind erstaunlich effektiv,
obwohl sie unansehnlich wirken und das schwache

Summen nicht sofort getöteter Fliegen ziemlich verstörend sein kann. Ein Kontaktspray erwischt die Fliege im Flug, aber Sie sollten daran denken, nicht allzu enthusiastisch ans Werk zu gehen oder in der Nähe von Lebensmittel oder Ihren Mitbewohnern zu sprühen. Zerstäuber mit Spezialventilen, die in regelmäßigen Abständen das Mittel automatisch abgeben, sollten ein halbes Jahr reichen, ohne anderen Lebewesen Schaden zuzufügen, wenngleich Sie es nicht in Zimmer stellen sollten, wo alte Menschen oder Kinder leben.

Fruchtfliegen sind kleiner als Hausfliegen und stellen eher im Sommer ein Problem dar. Sie sind im Grunde Alkoholiker, die sich auf Obst stürzen, das zu fermentieren begonnen hat. Sie stehen auch auf Bier, Wein und andere alkoholische Getränke. Sie vermehren sich rasend schnell und steigen dann in einer beunruhigenden Wolke auf, wenn Sie sich über die Obstschüssel beugen. Auch hier gilt: Vorbeugen ist besser als Heilung. Werfen Sie deshalb überreifes Obst fort und reinigen Sie die Flächen gründlich, wo sich die Fliegen ansammeln. Ich staune immer wieder, wie schnell sie wieder verschwinden, wenn Sie nicht mehr an Ihre Lieblingsnahrung gelangen können.

Dann gibt es natürlich noch die größeren Schmeiß- oder Goldfliegen. Sie benehmen sich ähnlich wie Hausfliegen und sollten genauso erledigt werden.

Echte Motten

Echte Motten oder Kleidermotten sind etwa fünf Zentimeter lang und matt silbrig-braun. Die Weibchen legen 30 bis 200 Eier, die auf den Oberflächen von Stoffen zusammenkleben. Dann schlüpfen sie als winzige weiße Raupen. Diese beginnen sofort, jede Naturfaser zu fressen, wobei sie Wolle und Seide bevorzugen, obwohl sie auch Baumwolle und natürliche Felle nicht verschmähen und Kleidung, Teppiche, Vorhänge und Textilien angreifen. Außerdem mampfen sie gern synthetische Fasern, aber nur, wenn sie mit Wolle oder anderen natürlichen Fasern gemischt sind. Sie bevorzugen schmutzige Stoffe, vor allem wenn sie verschwitzt sind oder wenn organische Getränke darauf gelandet sind. Wenn es nichts Besseres zu fressen gibt, begnügen sie sich auch mit Federn, oder sie dringen in den Vorratsschrank ein und machen sich über Mehl und Kekse

her. Am wohlsten fühlen sie sich an warmen Orten und im Dunkeln, schauen Sie daher in Kleiderschränken nach, aber auch an den Ecken von Teppichböden. Verräterische Anzeichen sind runde, zackige Löcher in Stoffen von der Größe eines kleinen Fingernagels. Manchmal liegen sie so eng beieinander, dass sie an ein Muster aus Spitze erinnern.

Normalerweise greifen Motten keine Kleidung an, die häufig benutzt wird. Worauf Sie achten sollten, sind Woll- und Baumwollware, Vorhänge, Decken, Bettdecken und Daunendecken, die im Sommer weggeräumt werden. Kleidungsstücke, die in luftdichte Plastiktüten mit Reißverschluss gesteckt oder in Plastiktüten eingewickelt werden (wobei über die Öffnung gefaltete Plastiktragetaschen gut funktionieren), sind eigentlich geschützt, es sei denn, die Motten finden doch noch einen Weg hinein.

Sie können Mottenfallen, die mit künstlichen Pheromonen behandelt wurden, in den Kleiderschrank hängen. Sie täuschen die Männchen und hindern sie daran, sich mit Weibchen zu paaren.

Mottenkugeln waren in früheren Zeiten die Standardlösung gegen Mottenbefall. Allerdings sind sie giftig, riechen zudem stark und sind zum Teil äußerst feuergefährlich, sodass ich sie nicht empfehlen möchte. Lavendelöl, Orangenschale, Terpentin, Kampfer und schwarzer Pfeffer lassen sich in Schubladen verwenden oder in Kleiderschränke hängen, um Motten abzuwehren. Wie köstlich diese Stoffe auch riechen mögen, sie werden Ihnen kaum helfen, die kleinen Plagegeister loszuwerden, wenn Sie einen wirklich schlimmen Mottenbefall haben.

Sobald Sie ein Mottenloch gefunden haben oder sogar sehen, wie eine Motte sacht davon flattert, müssen Sie schnell handeln. Mit energischem Bürsten im hellen Tageslicht können Sie Eier und Larven vom Kleidungsstück entfernen, obwohl Sie unweigerlich ein paar übersehen werden. Wenn Ihr Gefrierfach groß genug ist, können Sie versuchen, ein Stück Stoff ein paar Tage lang bei mindestens minus 8 Grad Celsius einzufrieren. Oder Sie bringen ein befallenes Stück in die chemische Reinigung, wo jede Mottenlarve abgetötet wird. Auch beim Staubsaugen von Teppichen gehen Ihnen ein paar Larven in die Falle, aber nichts dergleichen hilft, um wirklich alle Larven loszuwerden, und die restlichen werden sich fortpflanzen, um sich zu einer späteren Plage zu entwickeln. Wenn Sie eine schlimme Verseuchung haben, ist es wahrscheinlich am besten, auf ein Mottenvernichtungsspray zurückzugreifen. Folgen Sie genau den Anweisungen und betreten Sie den Raum nach der Sprühaktion ein paar Stunden lang nicht – was für eine Motte tödlich ist, tut unsereins vermutlich auch nicht gut.

Wespen und Hornissen

Normalerweise bauen Wespen, Hornissen und Bienen ihre Nester draußen und verursachen nur selten Ärger im Haus. Doch gelegentlich finden sie eine geeignete Ritze unter Dachziegeln oder in einem Dachbodengelass, und dann könnte es geschehen, dass Sie mehr von ihnen in Ihrem Haus finden, als Ihnen lieb ist. Auch Fledermäuse schlafen gern an geschützten Orten unter Dachtraufen oder im Dachraum einer Garage. In den meisten Fällen droht keine Gefahr, aber wenn Sie allergisch gegen Stiche sind oder eine Fledermausphobie haben, nützt es vielleicht zu wissen, was Sie gegen solche Besucher ausrichten können.

Wespen können aggressiv werden, vor allem im Spätsommer, was äußerst nervtötend sein kann. Um sie abzuwehren, bewahren Sie Fleisch und Süßigkeiten am besten bedeckt auf, wenn Sie sie essen, und vergewissern Sie sich, dass Haustierfutter nicht ungegessen herumliegt. Die Wespenkönigin hält einen Winterschlaf und erhebt sich im Frühling, um ein wunderschön konstruiertes Nest aus Zellstoff zu bauen. Es ist wie eine Muschel geformt und hat im Inneren viele Räume. Wie schon gesagt, werden diese Nester norma-

lerweise draußen gebaut, aber gelegentlich entscheiden sie sich für einen Speicherraum oder eine Garage. Wenn Sie beobachten, dass viele Wespen in Ihr Haus hinein und aus ihm heraus fliegen, könnte irgendwo ein Nest sein, aber es empfiehlt sich, es bis zum Ende des Sommers unangetastet zu lassen, wenn alle Wespen sterben, mit Ausnahme der neuen Königinnen, die das Nest verlassen, um Winterschlaf zu halten. Alte Nester werden nicht wieder benutzt (wenngleich die neue Königin es vorziehen könnte, ein neues Nest neben dem alten zu errichten).

Wenn die Wespen zum Ärgernis werden, verteilen Sie am besten nach Einbruch der Dämmerung ein pulverförmiges Insektizid am Eingang zum Nest. Für fliegende Insekten können Sie auch ein Insektenspray verwenden, aber Sie sollten acht darauf geben, wie Sie diese Giftstoffe verwenden. Befolgen Sie immer sorgfältig die Anweisungen oder rufen sie die nächstgelegene Schädlingsbekämpfungsfirma an. Denken Sie allerdings bitte daran, dass Wespen nützliche Bestäuber sind und Gartenschädlinge vertilgen (sie lieben Schmeißfliegen). Deshalb: Wenn Sie sie ertragen können, lassen Sie sie in Ruhe.

Hornissen sehen aus wie riesige Wespen, was sie eigentlich auch sind. Die Landwirte in Frankreich, wo die Hornissen heimisch sind, haben uns Feriengästen gern Angst eingejagt und voller Stolz verkündet: »Acht Hornissenstiche können eine Kuh umbringen«. Der Lebenszyklus der Hornissen ähnelt dem der Wespen. Sie fühlen sich vom selben Futter sowie am Abend von den Lampen vor den Haustüren angezogen. Wenn sie ins Haus gelangen, neigen sie dazu, herumzusurren und an Gegenstände zu stoßen. Behandeln Sie sie wie die Wespen und sehen Sie zu, dass Sie nicht gestochen werden. Und wenn Sie an einem warmen Abend die Aperitifs auf der Terrasse genießen wollen, lassen Sie die Außenbeleuchtung aus – denn von denen fühlen sie sich wirklich angezogen. Stattdessen empfiehlt es sich, ein paar Kerzen anzuzünden, vorzugsweise welche mit Zitronellduft.

Bienen

Manchmal wird ein Bienenvolk zu groß, sodass sich ein Schwarm absondert und einen anderen Ort findet, meistens in einem Baum, gelegentlich aber auch in einem Schornstein oder Dachgeschoss. Das stellt ein etwas anderes Problem dar als das Eindringen von Wespen und Hornissen, denn wenn Sie Pestizide in der Nähe einer Bienennisthöhle verwenden, wird die Honigwabe kontaminiert, andere Bienen kommen vorbei, verzehren den Honig und bringen ihn zu ihren eigenen Nestern oder Bienenstöcken, sodass auch diese Tiere sterben. Bienen sind wichtige Bestäuber für einen großen Teil der Nutzpflanzen auf der Welt und gerade geht ihr Bestand kontinuierlich zurück, ein trauriger Zustand, der zum Teil dem Einsatz von Pestiziden geschuldet ist. Die Empfehlung lautet daher, sie in Ruhe zu lassen. Normalerweise stechen sie nicht, es sei denn, sie werden angegriffen – sie haben Wichtigeres zu tun, in erster Linie Honig produzieren. Wenn Sie wirklich besorgt sind, wenden Sie sich am besten an eine Bienenzuchtvereinigung in Ihrer Nähe, die möglicherweise jemanden schickt, der den Schwarm einfängt. Schädlingsbekämpfungsunternehmen zerstören keine Bienennester, und auch Sie sollten das nicht versuchen.

Fledermäuse

Bei Fledermäusen sieht es ganz anders aus. Allein in Deutschland gibt es 25 Arten (300 weltweit), und sie sind geschützt. Während sie früher weit verbreitet waren, setzt ihnen heute der Verlust ihres Lebensraums zu. Chemische Behandlungen von Bauholz und Insektizide können sie vergiften. Sie sind die einzigen Säugetiere, die fliegen können, und viele von ihnen schlafen auf Dachböden, in Garagen oder Dachgeschossen von Schuppen. Sie stellen keine Gefahr dar, und es ist illegal, einen Schlafplatz zu stören, es sei denn, Sie haben eine Lizenz als Fledermausbeauftragter. Sie sind keine Nagetiere und knabbern deshalb auch nicht an Drähten oder Isolierungen (stattdessen stehen sie auf Insekten, einschließlich Stechmücken). Ihre Köttel sind trocken und zerkrümeln zu Staub, sodass keine bekannten Gesundheitsrisiken existieren. Die meisten Arten sind ohnehin Saisongäste und werden nicht das ganze Jahr über Ihre Gastfreundschaft strapazieren.

Stechmücken

Stechmücken brüten im Wasser und im Warmen. In meinem Garten in London brüten sie in einem winzigen Teich, der aus einem biegsamen Plastikeimer besteht, den ich in der Erde vergraben habe. Er ist von Farnen umsäumt und hat einen Frosch als Sommergast. Allerdings ist der Frosch offensichtlich nicht in der Lage, alle dort brütenden Stechmücken zu fressen, denn in der Abenddämmerung kommen die blutdurstigen Mücken ins Haus, wenn das Fenster offen ist, und suchen ein Opfer.

Am besten ist es natürlich, sie von vornherein am Brüten zu hindern, wenngleich es äußerst schwierig ist, alle Brutstätten zu eliminieren, zumal sie selbst flache Pfützen, das in alten Reifen angesammelte Wasser oder die seltsamen kleinen Blumentopfuntersetzer nicht verschmähen – eigentlich alles, wo sich Wasser mehr als ein paar Tage lang hält. Hält man die Teiche reinlich, ist schon ein guter Anfang gemacht, weil Mücken abgestandenes Wasser sauberem Wasser vorziehen. Sie können einen Teich mit bewegtem Wasser wie zum Beispiel einen kleinen Springbrunnen belüften, um die Mücken fernzuhalten. Vergewissern Sie sich, dass die Regenrinnen gesäubert wurden, Regenwassertonnen gut abgedeckt sind, und vergessen Sie nicht, immer frisches Wasser in Ihrer Vogeltränke zu haben.

Da Mücken Blut nach Geruch suchen, besteht eine gute Strategie darin, sie mit anderen starken Düften wie Zitronell oder Kampfer zu täuschen. Sie können Zitronellkerzen kaufen, während Sie Kampferkugeln (Mottenkugeln) in Wasserschüsseln und in den Zimmerecken platzieren. Sie riechen allerdings stark, sind entzündlich, giftig, wenn sie in den Magen gelangen und sollten nicht mit verletzter Haut in Kontakt kommen. Deshalb ist es wohl am besten, beim Zitronell zu bleiben.

Dann gibt es noch die üblichen Räucherspiralen, die aus getrocknetem Pyrethrum (Insektenpulverpflanze) hergestellt und langsam abgebrannt werden, um einen mückenabwehrenden Rauch zu erzeugen.

Darüber hinaus werden Sprays und Ultraschallgeräte zur Abwehr eingesetzt. Abgesehen von diesen Mitteln gibt es noch ein biologisches Produkt, das Mückenlarven tötet. Es wird *Bacillus thuringiensis israeliensis* genannt und als Pulver verkauft, das sich beim Versprühen mit Wasser in Kristalle verwandelt. Die Larven essen davon und sterben, aber sobald sie zu Puppen geworden sind, funktioniert der Wirkstoff nicht mehr, deshalb müssen Sie sie in einem frühen Stadium erwischen. Es ist nicht gerade billig, scheint aber wirksam zu sein – außerdem ist es für andere Tiere nicht giftig und wird schnell biologisch abgebaut.

Kriechende, hüpfende und krabbelnde Gäste

Ameisen

Ameisen schicken gelegentlich von draußen ein paar Kundschafter in Ihr Haus, die dort eine Weile auf Futtersuche gehen. Wenn sie genug interessante Nahrung gefunden haben, richten sie eine Lieferkette aus Arbeitern ein, die die Beute zurück in ihr Nest tragen. Sie zwängen sich in scheinbar unmögliche Orte hinein wie zum Beispiel Marmeladengläser und Honigtöpfe, die mit Deckeln verschlossen sind, und wenngleich sie lediglich ein Ärgernis sind, statt eine Gefahr darzustellen, ist es am besten, sie dort zu lassen, wo sie hingehören – draußen vor der Haustür.

Ich habe wie besessen versucht, alle Ameiseninvasionen im Keim zu ersticken, bis sie aufgeben, aber dazu braucht man Stehvermögen, Zeit und eine gewisse Hartherzigkeit. Man kann ein Ameisengift in Form eines Gelees verwenden, das entlang ihrer Route in Klecksen platziert wird. Die Ameisen tragen dann das Gelee zurück in ihr Nest und verfüttern es an ihre Larven. Es dauert ein paar Tage, bis ein großes Nest eliminiert ist. Als Alternative empfiehlt sich der Griff zum Insektizidpulver. Allerdings ziehe ich es vor, sie draußen zu halten, statt sie zu töten. Eine Möglichkeit besteht darin, ihre Route bis zu dem Punkt zu verfolgen, wo sie ins Haus eintritt, und das Loch mit Dichtungsmittel oder mit in Paraffin getränkter Baumwolle zu blockieren, was ihr Eindringen verhindert, ohne sie zu töten. Wenn man vor dem Eingangsort Currypaste, Salz, Pfeffer und Talkumpuder verstreut, hält das die Ameisen angeblich auch fern.

Unterdessen sollten Sie sämtliche Ameisennahrungsquellen versiegeln, alle Marmeladenglasdeckel fest verschließen und Arbeitsflächen mit einer Mischung aus Wasser und Essig im Verhältnis 1:1 abwischen, um die Pheromone zu zerstören, die die Ameisen hinterlassen haben.

Und falls Sie gärtnerische Fähigkeiten haben sollten, dann denken Sie bitte daran, dass Ameisen Mitarbeiter im Garten und auf Ihrer Seite sind, sodass die Zerstörung eines Nestes kontraproduktiv ist. Ameisen verbreiten Saatgut, belüften den Boden und tragen dazu bei, Nährstoffe umzuverteilen, während sie obendrein Blumen und Blüten bewachen und Blattläuse angreifen.

Spinnen

Wenn ich nachts länger auf bin, gesellt sich häufig eine Spinne mit ungeheuer langen Beinen zu mir, die sich in leichtem Galopp von einer Seite des Zimmers zur anderen bewegt, normalerweise in Richtung Kamin. Wo sie sich tagsüber aufhält, habe ich noch nicht herausgefunden, aber ich finde sie faszinierend und ziemlich gesellig. Spinnen haben es nicht auf Ihr Essen abgese-

hen, viel lieber fangen sie Fliegen und kleine Insekten. Die Seide, die sie für ihre Netze erzeugen, ist – bei gleichem Gewicht betrachtet – härter als Stahl. In der Forschung gilt sie als potenzielles Material für künstliche Gelenke, deshalb ist es wirklich ein Jammer, sie zu töten. Sie werden ohnehin längst nicht alle Spinnen los – immer werden neue hereinfinden – aber Sie können sie in den Griff kriegen, wenn Sie regelmäßig Staub wischen und saugen, vor allem rund um die Fußbodenleisten, auf den Fensterbänken und in den Ecken unter der Zimmerdecke, wo sie gern ihre Netze weben. Verfüllen Sie außerdem die Risse und Fugen in Wänden,

Fenstern und Türen. Wenn Sie eine einzelne Spinne finden und nicht ganz und gar phobisch sind, fangen Sie sie unter einem Glas, schieben ein Stück Karton darunter und befördern Sie sie nach draußen.

Ach, und wenn Sie eine Spinne in der Badewanne entdecken, ist sie nicht etwa durch die Rohrleitung gekrochen und durch den Abfluss gekommen, sie wird einfach nur hineingefallen sein und die Situation ebenso wenig mögen wie Sie. Entweder Sie fangen sie und bringen sie raus oder sie hängen ein Handtuch über die Badewannenkante, sodass die Spinne hochkrabbeln und sich selbst befreien kann.

Kakerlaken

Es ist vielleicht kein großer Trost, aber Kakerlaken sind eine uralte Spezies, die schon immer unter Menschen gelebt hat. In manchen Ländern scheinen sie für viele Menschen zum Leben dazuzugehören. Ich erinnere mich an einen Trip nach New York, wo ich auf dem Fußboden in der Wohnung einer Freundin schlief. Ich fühlte, wie die Kakerlaken in der Nacht über mein Gesicht krabbelten und niemand (außer mir) im Mindesten beunruhigt war. Sie sehen wie ziemlich platt gedrückte Käfer aus, sind dunkelbraun bis schwarz und ungefähr so groß wie ein Daumennagel. Sie werden als Gesundheitsrisiko betrachtet, weil sie so ziemlich alles fressen, gern auch in Abflüssen und Mülltonnen speisen und daher Salmonellen und *E. Coli* verbreiten, die Magen-Darm-Entzündungen und die Ruhr verursachen. Manche Menschen, insbesondere Asthmatiker, reagieren sogar allergisch auf sie.

Zur Bedrohung werden sie hauptsächlich in Wohnblocks und anderen großen Gebäuden, wo sie durch Löcher in der Wand, Versorgungsleitungen, Rohre von Klimaanlagen, durch die Kanalisation, über Lichtanschlüsse, Müllcontainerecken, Kesselbereiche und so weiter in benachbarte Wohnungen gelangen. Kakerlaken vermehren sich schnell, und wenn es einen starken Befall gibt, ist es sehr wahrscheinlich, dass auch die Nachbarn und die umliegenden Grundstücke ein Problem haben.

Jedes Kakerlakenweibchen legt ein paar Mal in ihrem Leben Eier in einem mit Chitin umhüllten Paket, das Oothek genannt wird. Jedes Paket enthält bis zu vierzig Eier. Deshalb ist es wichtig, die Population dieser Kreaturen in den Griff zu bekommen. Kakerlaken

sind nachtaktiv, aber wenn Sie es mit einem seuchen-
ähnlichen Befall zu tun haben, werden Sie sie vermutlich auch tagsüber umherkrabbeln sehen. Am wohlsten fühlen sie sich in der Dunkelheit, in feuchten und
warmen Räumen und in Bereichen, wo Lebensmittel
aufbewahrt werden – frisches oder, noch besser, ver-
faulendes Essen.

Nehmen Sie eine Taschenlampe und leuchten Sie
hinter Schränke, Kühlschränke und Küchenherde, um
die Tiere und ihre Eierpakete zu suchen. Vielleicht finden Sie tote Exemplare, Eierpakete, Exkremente (die
aussehen wie gemahlener Kaffee) und ein paar lebende, umherkrabbelnde Kakerlaken. Bei einer wirklich schlimmen Verseuchung verbreitet sich ein unan-
genehmer Geruch, der sich am besten als ölig und
muffig beschreiben lässt.

Die beste Empfehlung lautet, einem Befall von
vornherein vorzubeugen, indem Sie jedes Loch und jeden Spalt verstopfen, durch den die Tiere in ihr Haus
eindringen könnten. Hilfreich ist es auch, keinen Platz
zu bieten, wo sie sich verstecken können wie zum Beispiel eine Wandverkleidung. Bewahren Sie Lebensmittel in verschließbaren Behältern auf, säubern Sie die

Flächen, auf denen Sie Ihr Essen zubereiten, vor allem dort, wo es fettig wird, räumen Sie nach jedem Essen auf und lassen sie über Nacht nichts offen herumstehen. Außerdem hilft es, Oberflächen und Arbeitsbereiche so trocken, sauber und ordentlich wie möglich zu halten.

Wenn Sie glauben, am Anfang eines Befalls zu stehen, wenden Sie sich sofort an Ihre zuständige Behörde. Das ist keine Angelegenheit, die man selbst in die Hand nehmen sollte, und je schneller sie in Angriff genommen wird, umso besser ist es.

Falls Sie ein privates Schädlingsbekämpfungsunternehmen holen müssen, sollten Sie sich drei Angebote machen lassen und sich vergewissern, dass in den Kosten auch wirklich die Beseitigung der Schädlinge enthalten ist. Sonst werden Sie womöglich pro Besuch eine Rechnung bekommen, was schrecklich teuer werden kann.

Silberfischchen

Diese kleinen, flügellosen Geschöpfe gehören zu den ältesten Insekten der Welt. Sie sind nicht viel größer als eine Ameise mit langen Fühlern und drei Borsten auf dem Rücken. Sie sind silbrig blau und scheinen recht schnell mit einer Art Wellenbewegung wie ein Fisch auf dem Fußboden dahinzugleiten. Daher stammt auch der Name.

Trotz ihrer Verwandtschaft zu Kakerlaken stellen sie kein Gesundheitsrisiko dar. Sie lieben dunkle, feuchte Orte und eine kühle Atmosphäre, sodass Sie ihnen am wahrscheinlichsten im Badezimmer begegnen werden, obwohl sie sich auch in die Nähe der Waschmaschine, in Küchen und Keller wagen. Am liebsten knabbern sie an Stärke, Zellstoff, Zucker, Klebstoff, Papier, Haaren, Teppichen, Baumwolle, Viskosefasern und Hautschuppen.

Wenn Sie sich vor Ihnen – wie vor vielen anderen Tieren auch – schützen wollen, dann versuchen Sie Ihr Haus so abweisend wie möglich zu gestalten. Deshalb sind ausreichende Lüftung, Wärme und Licht willkommene Hilfen. Dienlich sind auch zugedrehte Schraubverschlüsse auf Haarshampoobehältern und anderen Badezimmerprodukten, da diese häufig Kohlenhydrate enthalten und deshalb verlockend sind.

Das Abwischen von Wänden und Fußböden mit einer Lösung aus Bleichmittel und Wasser hilft ihnen vielleicht, wenn sie das seltsame Silberfischchen herumflitzen sehen, aber wenn Sie eine Plage haben, sollten Sie eher ein Insektenspray verwenden.

Flöhe

Wenn Sie in Ihrem Zuhause einen Floh finden, ist er vermutlich im Fell Ihres Hundes oder Ihrer Katze hereingekommen. Wenn er schon mal da ist, wird er seine Eier auf Ihrem Haustier ablegen. Die fallen dann herunter und bleiben im Hundekörbchen oder auf dem Teppich liegen und entwickeln sich schnell zu ausgewachsenen Flöhen. Das Entscheidende ist: sie können monatelang einfach so liegen bleiben und darauf warten, dass eine Mahlzeit in Form eines Tieres oder Menschen vorbeikommt. Dann kommen sie vehement zum Vorschein, um Blut zu saugen. Als Freunde von mir einmal im Sommer fort waren, schickten sie mir eine Mail und baten mich, etwas aus ihrer Wohnung zu holen. Als ich das Wohnzimmer durchquert hatte, erschrak ich, weil meine Beine schwarz von Flöhen waren, die einfach nur geduldig auf das Stampfen von Schritten gewartet hatten, um sich auf das Opfer zu stürzen.

Sie müssen schon raffiniert sein, um mit Flöhen umzugehen Achten Sie auf eindeutige Zeichen. So kratzt
sich vielleicht Ihr Hund oder Ihre Katze wie verrückt
mit einem schmerzverzerrten Gesichtsausdruck, oder
Sie bemerken einen juckenden Biss (manchmal sogar
drei in einer Reihe), weil sie auch Menschen beißen.
Flohexkremente sehen aus wie Flocken von grob ge-
schrotetem schwarzen Pfeffer. Sie finden ihn, wenn Sie
Ihr Haustier streicheln, bürsten oder die Decke ausschütteln. Vielleicht entdecken Sie sogar einen Floh
selbst, der tief im Fell Ihres Haustiers krabbelt.

Wenn Sie den Verdacht haben, dass es Flöhe gibt,
bringen Sie Ihr Tier lieber zum Tierarzt, statt rezept-
freie Produkte zu kaufen oder online zu bestellen. Vor
allem Katzen sind empfindlich gegenüber den Chemikalien, die in manchen Flohhalsbändern und in anderem Antiflohzubehör enthalten sind. Am besten holen
Sie sich professionellen Rat zu unschädlichen Mitteln.

Wenn Ihre Lieblinge geschützt sind, ist die Wahrscheinlichkeit, dass sie wieder angegriffen werden, ge-
ringer, aber um Flohprobleme zu vermeiden, sollten
Sie Haustierkörbchen und Decke regelmäßig gut ausschütteln (wenn möglich, draußen vor der Tür) und

Teppiche, Polstermöbel, Ecken, Ritzen und Bereiche, in denen sich Ihr Tier aufhält, mit dem Staubsauger bearbeiten. Und nehmen Sie die Gelegenheit wahr, das Fell mit dem Flohkamm auszubürsten, wenn Ihr Haustier es zulässt. Konzentrieren Sie sich nicht allein auf die Flöhe, die Sie sehen können, denken Sie an deren Eier – auch die müssen Sie loswerden, am besten mit einem Haushaltsflohspray.

Bettwanzen

Die Vorstellung, dass sich gewisse Kreaturen in der Nähe Ihres Bettes verstecken und des nachts herauskommen und Ihr Blut anzapfen, ist unerträglich. Aber Bettwanzen werden nicht von Schmutz angezogen und übertragen auch keine Krankheiten wie Kakerlaken. Sie gelangen mühelos im Urlaubsgepäck oder in Kleidern, Bettwäsche und Möbel aus zweiter Hand in Ihr Heim. Wenn Sie feststellen, dass Sie Bisse auf der Haut haben, winzige schwarze Flecken (Bettwanzenexkremente) oder Blutflecken auf Ihrer Matratze sowie einen muffigen Geruch im Schlafzimmer, dann ist es an der Zeit, zu handeln. Bettwanzen wieder loszuwerden, ist eine schwierige Angelegenheit. Sie können sich in winzigen Räumen verstecken, in oder unter Matratzen, hinter Spiegeln, am Kopfende des Bettes oder in Rissen in der Wand. Wenden Sie sich deshalb an Ihre zuständige Behörde, die spezielle Insektizide, Dämpfe oder Gefrierverfahren einsetzt. Sie selbst können zur Lösung des Problems beitragen, indem sie beispielsweise alle Wanzen, die Sie sehen, aufsaugen und den Staubsaugerbeutel versiegeln, bevor Sie ihn in die Mülltonne werfen. Waschen Sie verseuchte Kleidung und Bettzeug mit 60 °C, oder stecken Sie sie eine halbe Stunde in den Trockner und wählen Sie ein Heißprogramm. Werfen Sie alle schwer verseuchten Gegenstände weg und benutzen Sie Kunststoffhüllen, die die ganze Matratze umschließen, sodass keine Wanze mehr hinein- und herauskommt.

Bohrende Gäste

Holzwürmer

Wenn Sie stecknadelkopfgroße Löcher in Möbeln aus Holz oder in Balken in Ihrem Haus finden, insbesondere wenn daneben kleine Haufen feinen Sägemehls liegen, könnten Sie ein Holzwurmproblem haben. Das kommt eher in älteren Häusern vor, in denen das Fachwerk aus Holz ist. Holzwürmer sind eigentlich keine Würmer, sie sind holzbohrende Käfer. Sollten sie tatsächlich in Ihr Haus gelangen, können sie letztlich Bauschäden verursachen. Außerdem greifen Sie Fußleisten, Holzdielen, Schwellen und Holzmöbel an. Womöglich gelangen sie, bereits in Möbeln versteckt, die Sie in Secondhandläden, auf Flohmärkten oder unter der Hand erworben haben, in Ihr Haus. Wenn Sie also auf Retro, viktorianische oder andere traditionelle Objekte aus Holz stehen, sollten Sie sie vor dem Kauf sorgfältig untersuchen.

Was passiert, ist folgendes: Eier werden aufs Holz gelegt, die Larven mampfen sich ihren Weg ins Innere und kommen schließlich als Erwachsene durch die Löcher zurück. Im Großen und Ganzen ziehen sie feuchte Bedingungen vor, sodass ein bisschen Wärme und gute Belüftung sie bereits fernhält. Es gibt ein paar Verfahren, die Sie anwenden können. Klebrige Fliegenfallen, auf dem Dachboden aufgehängt, können erwachsene Käfer fangen, wenn sie aus einem Holzwurmloch krabbeln. Ein technisch anspruchsvoller Ultraviolett-Insektenvernichter fängt sie ebenfalls, vor allem im Sommer, wenn Sie schlüpfen. Sie können es auch mit einem Kontaktspray versuchen. Dafür müssten Sie die befallene Fläche mit einer Flüssigkeit besprühen oder und bestreichen, was die Löcher verfüllt und die Oberfläche versiegelt. Mit diesem Verfahren werden die Insekten getötet, bevor sie schlüpfen und sich selbst fortpflanzen können. Wenn Sie glauben, dass Sie es allein nicht schaffen, das Problem zu bewältigen, sollten Sie natürlich die Hilfe einer Schädlingsbekämpfungsfirma in Anspruch nehmen.

Gescheckter Nagekäfer

Dieser Holzschädling ähnelt dem Holzwurm, ist aber viel größer. Er zieht altes Eichengebälk vor, in das zuvor aufgrund von Feuchtigkeit Pilzfäule eingedrungen ist. Der Gescheckte Nagekäfer – auch Bunter Pochkäfer genannt – legt seine Eier an den Enden von Dachsparren ab, die durch Lecks im Dach oder in der Regenrinne beeinträchtigt sind. Das Larvenstadium kann bis zu dreizehn Jahre dauern. Der englische Name Deathwatch Beetle stammt daher, dass der erwachsene Käfer seinen Kopf gegen das Holz schlägt, um ein Weibchen anzuziehen, und das dabei entstehende Klickgeräusch angeblich den nahenden Tod eines Menschen ankündigt. Glücklicherweise werden Sie in Ihrem Zuhause kaum von einem Gescheckten Nagekäfer belästigt werden, es sei denn, Sie wohnen in einer umgebauten Kirche mit reichlich altem Gebälk.

Verirrte Gäste

Streunende Katzen

Es klingt vielleicht ein wenig weit hergeholt, aber streunende Katzen haben durchaus etliche Gründe, Ihrem Haus einen Besuch abzustatten. Zunächst einmal wollen sie sich vielleicht zu Ihrer eigenen Katze gesellen, oder sie sind hungrig oder einsam oder einfach nur neugierig, sodass sie die Katzenklappe, ein offen stehendes oder ein angelehntes Fenster nutzen, um hinein zu gelangen. Als meine Nachbarn für zwei Wochen in Urlaub fuhren, bemerkten sie nicht, dass sich eine junge Schildpattkatze in ihre Wohnung geschlichen hatte. Sie schlossen die Tür ordnungsgemäß ab und fuhren in sonnigere Gefilde. Zwei Wochen später kehrten sie zurück und fanden die Katze auf dem Sofa schlafend vor, abgemagert, aber in guter Verfassung. Sie war während ihrer Abwesenheit vermutlich in eine Art Winterschlaf gefallen.

Die hier zum Zug kommende Strategie, ist offensichtlich: Investieren Sie in eine Katzenklappe, die sich nur öffnet, wenn Ihre Katze ein entsprechendes Halsband trägt. Alle anderen Katzen stoßen lediglich mit der Nase gegen die Klappe, wenn sie versuchen sollten, hereinzukommen.

Und ermutigen Sie niemals Katzen, die Sie nicht haben wollen, indem Sie ihnen Leckerbissen anbieten und sie hinter den Ohren kraulen.

Streunende Füchse

Das hört sich noch unwahrscheinlicher an, zumal Füchse wild lebende Tiere sind und nach draußen gehören, aber sie sind neugierig und untersuchen offene Türen und Fenster und sogar Katzenklappen, wenn sie glauben, dass niemand da ist. Allerdings sind sie argwöhnisch gegenüber Menschen und laufen normalerweise weg, um ihnen aus dem Weg zu gehen. Sollten Sie tatsächlich einen Fuchs in Ihrem Haus finden, sollten Sie sich besonnen und leise bewegen, die Türen und Fenster öffnen, damit der Fuchs allein den Weg hinaus findet, was er tun wird, wenn er nicht die Nerven verliert und in Panik gerät.

Wie sieht es mit Abschreckungsmitteln aus? Nun, es gibt eine Menge Konzepte, von Vogelscheuchen bis Kaffeesatz, stacheligen Sperren, bedrohlichen Gerüchen wie Löwenkot und kreischenden Schallgeräten, aber im Großen und Ganzen funktionieren sie nicht allzu lange, wenn überhaupt. Manche Zoologische Gärten bieten Kothaufen großer Tiere an, man kann sie online oder als Kompost bestellen. Sie sind präpariert und verpackt und deshalb trocken und hygienisch unbedenklich. Langfristig jedoch denke ich, dass sie als eine ziemlich teure Form von Kompost eher nützlich für den Garten sind, aber Sie können durchaus versuchen, sie als Abschreckungsmittel zu verwenden.

Wenn Sie einen stacheligen Busch im Garten haben, könnten Sie versuchen, einen potenziellen Eintrittspunkt zu blockieren, indem Sie Stechpalmenblätter oder Berberitzenzweige oder sogar Taubenspikes einsetzen. Ich habe zu einem bestimmten Zeitpunkt Taubenspikes auf das Dach meines Gartenschuppens montiert, um zu verhindern, dass die Füchse dort in der Sonne liegen. Doch entdeckten sie schon bald, wie man sie verschiebt, um sich einen Platz zum Faulenzen zu verschaffen. Deshalb werden Sie also immer einen Schritt voraus sein und neue, noch genialere Abschreckungen ausprobieren müssen. Zumindest sieht es so aus, als habe die Fuchspopulation im städtischen Raum einen Status quo und die Wachstumsgrenze erreicht.

TIPPS

- Heißen Sie jede Fledermaus willkommen, die sich einen Schlafplatz für den Sommer auf Ihrem Dachboden oder in Ihrem Loft sucht. Beobachten Sie sie und informieren Sie sich online über sie. Es sind faszinierende Tiere, sie stellen kein hygienisches Problem dar und fügen Ihnen keinen Schaden zu.

- Nehmen Sie sich genügend Zeit für die Fellpflege Ihres Haustiers, ob es eine Perserkatze, ein Deutscher Schäferhund, eine Promenadenmischung oder eine ganz normale Hausmieze ist. Außerdem ist es eine wunderbar entspannende Möglichkeit sich zu vergewissern, dass sie nicht von Flöhen geplagt werden.

WAS MAN NICHT TUN SOLLTE

- Zu glauben, ein Bienennest auf der Veranda oder im Kamin sei eine Bedrohung. Bienen sind ausschließlich daran interessiert, Blütenstaub zu sammeln und Honig herzustellen. Sie sind viel zu beschäftigt, um sich um Sie zu kümmern. Sie sind wichtig für das Ökosystem und ihr Niedergang ist beklagenswert.

- Den Machokater in Ihrer Nachbarschaft zu ermutigen, in Ihr Haus zu kommen. Obwohl er charmant und honigsüß zu Ihnen und Ihren Leckereien sein kann, erweist er sich womöglich als tyrannischer Grobian gegenüber Ihrer eigenen Katze, wenn Sie gerade nicht hinschauen.

3

FAMILIE UND HAUSTIERE IN DEN GRIFF KRIEGEN

Des einen sauberes und ordentliches Haus ist des anderen Bruchbude. Sie können die gepflegteste und am besten organisierte Person der Welt sein, aber wie kriegen Sie Ihre Lieben dazu, Ihrem Beispiel zu folgen? Oder Sie sind womöglich eher planlos, leben aber mit jemandem zusammen, dessen Standards unerreichbar hoch sind. Wie dem auch sei, es ist nur wenig Raffinesse und unverfrorene Manipulation nötig, um einen akzeptablen Standard für Ordnung und Sauberkeit für jedermann zu erreichen. So vergeblich dieses Ziel auch erscheinen mag, so bedeutet es doch, jedermann dazu zu bringen, eine aktive Rolle zu akzeptieren und dazu beizutragen, sein Zuhause unter Kontrolle zu bekommen. Es spielt keine Rolle, ob Sie in einem Hochhausapartment mit fünf anderen Leuten leben oder in einem Haus voller Kinder oder in einer Hütte mit ein paar Katzen und einem Jack Russell-Terrier, oder ganz allein – Sie werden ein paar Regeln brauchen, etwas Disziplin und eine paar Vorstellungen darüber, wie man Chaos vermeidet.

Stampfende Schritte vermeiden

Zuerst sollte man in den besten Freund des Hauseigentümers investieren – eine gute Fußmatte. Immerhin ist der Eingang nicht nur der Ort, wo Freunde, Fremde und Bekannte ihren ersten Eindruck von Ihrem Haus bekommen – eine enorm wichtige Überlegung – sondern alle Fußböden brauchen wesentlich weniger Pflege, wenn Sie dort eine wirksame Falle für Staub und Schmutz bereitstellen, wo die Menschen hereinkommen. Sonst gelangen mit Kinderwagen, Hund, Stiefeln und Einkaufstrolley Staub, Schmutz, verwelkte Blätter und jeglicher Unrat herein und werden im ganzen Haus verbreitet. Tatsächlich wird der meiste Dreck von draußen hereingetragen und läuft auf etliche Staubsaugerbeutel pro Monat hinaus. Wenn es Ihnen also gelingt, den Dreck an seiner Quelle zu erwischen, wird Ihnen das eine Menge zusätzliche Arbeit ersparen. Ich schätze, je weiter oben Sie leben, umso weniger wird das eine Rolle spielen, da Treppen und Fahrstuhl schon einen beträchtlichen Teil des Schmutzes aufnehmen, aber Schuhe tragen nun mal die Außenwelt ins Haus, und es ist schwer, das zu verhindern. Wenn Sie zu den Personen gehören, die jeden überzeugen können, Ihre Schuhe im Hausflur auszuziehen, verbeuge ich mich vor Ihnen.

Sie können zwar einen Besen oder einen Handstaubsauger an der Tür stehen haben und hektisch den Dreck auffegen oder wegsaugen, der hereingetragen wird, was aber wenig sinnvoll für eine beschäftigte Person ist, und man kann mit seiner Zeit tatsächlich etwas Besseres anfangen. Daher ist eine wirklich effektive Fußmatte in angemessener Größe die Lösung des Problems. Nehmen Sie eine, die so groß ist, wie es der dafür vorgesehene Platz erlaubt. Wie es so häufig der Fall ist, sind die für gewerbliche Zwecke entworfenen Matten eine bessere Lösung als die für den privaten

Gebrauch. Die meisten Fußmatten für den Hausgebrauch sind nicht viel größer als ein Geschirrtuch, und die Hälfte des Geldes geht für ein witziges Design drauf, das Igel willkommen heißt oder ein »Home Sweet Home« verspricht. Was Sie in Wirklichkeit brauchen ist eine Matte, die etwa 120 x 90 Zentimeter

misst, die vor die meisten Eingangsbereiche passt und eine Menge Platz bietet, um Stiefel und Schuhe, Kinderwagen und Räder von Einkaufstrolleys sauber zu machen. Die Matte sollte äußerst saugfähig sein, sodass sie den ganzen Dreck aufnimmt, bis Sie Zeit haben, sie zu saugen oder auszuwaschen.

Die Materialien, aus denen Fußmatten gefertigt werden, sind vielfältig, einschließlich natürlicher und künstlicher Fasern. Sie unterscheiden sich stark hinsichtlich ihrer Fähigkeit, Staub und Schmutz aufzusaugen. Zu den natürlichen Materialien gehören Kokosfaser, Sisal und Jute, die zwar Dreck aufsaugen, aber mit der Feuchtigkeitsaufnahme Probleme haben und dazu neigen, sich kleiner Partikel zu entledigen, was ihnen die Fähigkeit nimmt, Schmutz festzuhalten. Saugfähige Baumwolle funktioniert mitunter ausgezeichnet, aber feuchte Baumwolle ist schwer, sodass es anstrengend ist, sie aufzuheben, auszuschütteln und zu waschen. In großen, gewerblich genutzten Matten werden häufig Kunstfasern wie PVC, Polypropylen und Polyamid verarbeitet. Manche sind gewebt, andere haben einen Flor und beide sind erstaunlich effektiv, Schmutz einzufangen und festzuhalten.

Die besten Matten sind waschmaschinenfest und Leichtgewichte und scheinen nahezu unverwüstlich zu sein. Häufig haben sie eine Gummirückseite und eine flache Gummikante, d. h. man stolpert nicht über sie und sie rutschen nicht auf dem Fußboden hin und her. Manchmal sieht man sie in Eingängen von Läden und Geschäften, aber auch in Büros. Die von Unternehmen bevorzugten Farben sind normalerweise langweilig und schlicht. Am weitesten verbreitet ist ein trübes Grau, vermutlich weil es den Dreck am wenigsten zeigt. Aber wenn Sie nachforschen, werden Sie ein paar wirklich heitere, helle Farben finden wie zum Beispiel ein sattes Himmelblau oder Grün, Gelb und Geranienrot.

Solche Matten firmieren unter den Bezeichnungen »Barriere«, »Schmutzfänger« und »Wasserfänger«. Sie haben einen länglichen Flor, in den der Schmutz hineinsinkt und versteckt bleibt, bis Sie Zeit haben, die Matte auszuschütteln, zu saugen oder zu waschen.

Um dieser Matte die Arbeit zu erleichtern, können Sie als erste Verteidigungslinie draußen vor der Tür eine Matte hinzufügen. Matten aus schwarzem Gummi bestehen aus verbundenen Teilen, die wie Fußabstreifer funktionieren und dafür sorgen, dass Matschbrocken durch die Lücken auf den Boden fallen, von wo aus sie weggefegt werden können. Wir sollten auch die Fußabstreifer selbst nicht vergessen, die auf der Gartenseite des Hauses oder an regnerischen Tagen nützlich sind, wenn Sie das Gröbste von Ihren Stiefeln abstreifen, bevor Sie das Haus betreten.

Die Hilflosen und die potenziell Hilfreichen

Die Mitglieder Ihrer Familie sind natürlich überaus reizend, clever, talentiert, liebevoll und auf provokative Weise total schlampig! Als Gruppe lassen sie sich in die Hilflosen und potenziell Hilfreichen einteilen (Erwachsene und Kinder gleichermaßen). Theoretisch sollte man erwarten können, dass sich jeder Mitbewohner an der Hausarbeit beteiligt. In der Praxis muss normalerweise jemand dafür sorgen, dass dies geschieht, und die leichteste Variante scheint meistens darauf hinauszulaufen, es lieber gleich selbst zu tun – aber wenn Sie Ihre Familie oder Mitbewohner dazu anhalten können, mitzuhelfen, wird das Leben, langfristig gesehen, einfacher sein.

Zu den Hilflosen gehören die sehr jungen und sehr alten Menschen und die Tiere. Wenn Kinder im Säuglingsalter sind, kann es extrem schwierig werden, überhaupt Zeit für die Hausarbeit zu finden. Es ist fast unmöglich, Muße zu erübrigen, um ein Buch zu lesen, geschweige denn irgendetwas Praktisches zu tun, abgesehen von Füttern, Windeln wechseln, Beruhigen, Wickeln und wieder von vorn anzufangen. Kleinkinder müssen jeden Augenblick beaufsichtigt werden, wenn sie versuchen, die Treppe herunterzukriechen, den Fernseher auseinanderzunehmen, wenn sie Steckdosen untersuchen, hinfallen, einen Wutanfall bekommen und etwas machen wollen, wozu sie noch nicht in der Lage sind. Was können Sie also tun, außer zu lernen, den Zustand Ihres Heims etwas entspannter zu betrachten und dieses faszinierende (und kurzlebige) Babystadium zu genießen? Mit etwas Glück verschaffen Ihnen eine kurze Staubsaugerrunde und ein schnelles Aufräumen Zeit für eine halbe Stunde Yoga oder ein Bad.

Wenn das Baby noch sehr jung ist, können Sie es beim Staubsaugen in einem Tragetuch am Körper tragen, vorausgesetzt Sie bekommen dadurch keine Rückenschmerzen. Vielleicht fühlt es sich durch die fortwährende sanfte Bewegung beruhigt. Hoffentlich haben Sie eine einigermaßen leise Maschine.

Andererseits finden kleine Kinder es mitunter toll, Erwachsenen bei der Arbeit zuzuschauen, vor allem wenn an ihrem Stuhl ein Aktivitätsspielzeug befestigt ist, sodass auch sie sich beschäftigen können, während Sie arbeiten. Es macht sogar mehr Spaß, ein wenig höher zu sitzen als normalerweise, sodass sie das Gefühl haben, sozusagen über allem zu thronen und eine bessere Aussicht zu haben. Im Alter zwischen sechs und achtzehn Monaten eignet sich eine Babywippe großartig dafür, vor allem wenn sie über den Küchentisch gehängt wird, sodass das Baby von der Tischplatte abfedern kann und einen wirklich guten Blick aus der Vogelperspektive auf das Geschehen hat.

Selbstverständlich sind Haustiere genauso wenig eine Hilfe für Sie im Haushalt wie ein Baby. Und außerdem verlieren sie ihre Haare und vergessen, ihre Pfoten abzustreifen, sodass man mit List und Tücke vorgehen muss, um ihnen ein Mindestmaß an Stubenreinheit beizubringen. Überzeugen Sie Ihre Hunde, nur die für sie bestimmten Orte aufzusuchen, wo sie sich entspannen können: entweder in ihrem eigenen Hundekörbchen oder auf einem bestimmten Stuhl. Manch einer glaubt, Hunde müssten eine Art Hundehütte haben, die für einige Tiere in der Tat ein Rückzugsraum sein kann, aber ich kannte mal einen Hund, der die bloße Vorstellung eines umschlossenen Raums hasste, sodass in solchen Fällen ein offenes Hundekörbchen eine viel bessere Idee ist. Wenn sie ihren Platz kennen und nicht aufs Sofa oder auf den besten Sessel springen, müssen Sie viel weniger ausschütteln, bürsten, Haare entfernen und hinter ihnen her räumen. Katzen sind da viel eigenständiger und tun nicht unbedingt das, worum Sie sie bitten. Sie können nur hoffen, dass Sie eine haben, die ihren Platz mag und nicht durchs Haus streunt und Chaos stiftet.

Sobald Kinder gehen und Sachen verlässlich festhalten können, werden sie im Prinzip nützliche Helfer. Ob sie tatsächlich hilfreich sind, hängt zum größten Teil von Ihnen ab. Zuallererst sollten Sie mit Hausarbeit nicht so umgehen, als sei sie eine lästige Pflicht. Machen Sie für kleine Jungen und Mädchen ein Spiel daraus, sodass sie es als Privileg erleben, mithelfen zu dürfen. Verlangen Sie nicht zu viel und loben, loben,

loben Sie sie. Zeigen Sie ihnen, wie man Dinge erledigt, sodass sie das Gefühl haben, geschickt zu sein, worauf sie stolz sein können. Wenn Sie gereizt »Hab ich dir nicht gesagt, du sollst die Strümpfe wegräumen?« rufen, ziehen Sie niemanden auf Ihre Seite. Und was ganz wichtig ist: Machen Sie keinen Unterschied, was für Jungen und was für Mädchen geeignet ist. Alles, was im Haus erledigt werden muss, sollte von allen in gleichem Maße getan werden. Das ist leichter zu erreichen, wenn die Kinder noch klein sind, und wenn sich hilfreiche Gewohnheiten erst einmal bewährt haben, sollten sie zu einer Routineangelegenheit geworden sein.

So könnten Sie zum Beispiel von Ihren Kindern erwarten, dass sie am Morgen ihre Betten machen, was wirklich nicht allzu schwer für sie sein sollte, da sie nur die Bettdecke ausbreiten und die Kissen ausschütteln müssen. Als ich zehn Jahre alt war, mussten wir unsere Bettdecken drapieren und die Laken wie bei Krankenhausbetten an den Kanten der Matratzen professionell umschlagen. Ich konnte das ziemlich gut und war unheimlich stolz darauf. Kinder können auch auf andere Art und Weise hilfreich sein, indem sie zum Beispiel die Pflanzen im Haus gießen (aber nur die einigermaßen nachsichtigen, die mit hin und wieder zu viel oder zu wenig Wasser zurechtkommen) oder indem sie die passenden Strümpfe zusammenlegen, wenn sie aus der Waschmaschine kommen. Je interessanter die Socken aussehen, umso mehr Spaß macht es. Fegen ist eine weitere Tätigkeit, die kleine Kinder lernen können. Vielleicht bekommen sie es anfangs nicht so gut hin, aber sie werden mit der Zeit wahrscheinlich immer geschickter im Umgang mit Besen, Handfeger und

Kehrblech. Nach dem Essen können sie beim Geschirr-abräumen helfen, was auch für Imbisslokale gilt, wo die Tendenz besteht, Fettflecken und eine erstaunliche Menge übriggebliebenen Ketchup und Kleckse auf dem Tischtuch zu hinterlassen.

Wenn Kinder älter werden, sollten sie dazu ermutigt werden, für bestimmte Aufgaben Verantwortung zu übernehmen. Das funktioniert prima, bis sie in das schreckliche Teenageralter kommen. Ihr wahres Problem ist dann, dass sie sich mit aller Macht auf sich selbst konzentrieren, auf ihren Platz in der Welt, auf Sex, ihr Aussehen und auf das, was andere über sie denken. Was ist schon Hausarbeit gegen all das? Ich denke, dass die technikbegeisterten Teenager überredet werden können, gelegentlich den Staubsauger zu schwingen, insbesondere wenn Sie einen Saugroboter haben, aber der Reiz des Neuen verfliegt schon bald. Vielleicht bringen sie die Mülltonne am richtigen Tag an den Straßenrand – versuchen Sie zu betonen, wie stark und geschickt sie sind.

Jedenfalls gibt es bis dahin eine Menge Möglichkeiten, sich von den Kindern bei der Hausarbeit unterstützen zu lassen – zunächst einmal kann derjenige, der nicht kocht, den Tisch decken, nach dem Essen abräumen und den Geschirrspüler beladen. Nichts davon dauert länger als fünf Minuten, also ist es nicht zu viel verlangt, aber zusätzlich zum Kochen wird es manchem zur lästigen Pflicht. Und auf jeden Fall sollten sich alle dafür verantwortlich fühlen, aufzuwischen und nach dem Aufenthalt im Badezimmer den Verschluss auf die Zahnpastatube zu schrauben, die eigenen Mäntel aufzuhängen, die Stiefel wegzuräumen und darauf zu achten, Laptop und Smartphone nicht unter den Sofakissen liegen zu lassen.

Nicht zu vergessen, dass Sie womöglich zu den Glücklichen gehören, deren Kind sich genauso nach Ordnung sehnt wie Sie selbst und automatisch hinter sich her räumt. Solche Kinder gibt es tatsächlich. Oder dass Sie selbst lernen, etwas entspannter zu sein, wenn es darum geht, wie aufgeräumt das Haus sein sollte. Mein Aha-Erlebnis in dieser Hinsicht hatte ich, als mein Jüngster einmal von der Schule nach Hause kam und zuvor bei einem Freund eingekehrt war, wo er seine Schuhe im Flur ausziehen musste und wo sich alles an seinem Platz befand. Er schaute sich in unserer Küche um, sah die Zeitschriften, Bücher und unbezahlten Rechnungen und sagte: »Ich mag dieses Haus, Es gibt immer irgendetwas Interessantes zu sehen«. Noch heute fühle ich mich von seinen Worten aufgemuntert, lehne mich ohne Schuldgefühle zurück, trinke meinen Kaffee und lese meinen Vampirroman weiter.

Wenn alles andere nicht funktioniert, was schon mal passiert, empfehle ich einen richtig großen Korb

für verlorengegangene Gegenstände. Da hinein tun Sie alles, was im Lauf des Tages so liegenbleibt – die winzigen Legobausteine, die Headsets, die Handys und Mini-Laptops, die einzelnen Socken, Haarklammern. Notizbücher für die Hausarbeit, Haustürschlüssel. Das wäre dann die erste Anlaufstelle, wenn etwas verlorengeht.

Weisen Sie den Sammelwütigen in Ihnen in die Schranken

Die meisten von uns sind Sammler und haben viel mehr Habseligkeiten, als sie brauchen oder wollen. Aber das wissen wir nicht. Wir sind gefangen in dem Denken, alles habe einen Wert, entweder aus sentimentalen Gründen oder »weil es eines Tages mal nützlich sein könnte«. Natürlich gibt es immer ein paar sinnvolle Besitztümer, die wir aus unterschiedlichen Gründen lieben. Von ihnen fällt die Trennung am schwersten, und warum sollte man sie auch loswerden, wenn sie sich ihren Lebensunterhalt verdienen? In diesen Tagen arbeite ich an dem viktorianischen Gatelegtisch aus Rosenholz, der meiner Mutter gehörte – er ist bei weitem nicht so praktisch wie ein speziell entworfener Schreibtisch, aber er hat mich reingelegt – ich mag ihn zu sehr. Dafür habe ich freudig einen großen Wäschekorb verschenkt, den mir meine Mutter zur Hochzeit geschenkt hatte. So sehr ich ihn auch mag, aber er passt in meinem neuen Zuhause nirgendwo hin. Achten auch Sie deshalb immer darauf, ob sich zu viel Sentimentalität einschleicht und lassen Sie sich davon möglichst nicht beherrschen.

Eine andere Falle, in die wir allzu leicht tappen, ist die Überschätzung der potenziellen Nützlichkeit von Dingen. Häufig verwenden wir dies als Ausrede dafür, die endgültige Entscheidung fürs Aussortieren nicht treffen zu müssen. Also wird der Stauraum unter der Treppe ein chaotisches Durcheinander aus alten Kartons mit offenbar riesigem Potenzial: um unerwünschte Sachen zurückzugeben, Gartengeräte aufzubewahren und so weiter. Der Boden des Kleiderschranks verwandelt sich in ein Wirrwarr von ausprobierten und verworfenen Kleidungsstücken, die Sie wahrscheinlich nie tragen werden, während die Küche mit eindeutig zu vielen Bechern, Schalen und Krügen vollgestopft ist, die Sie arglos über die Jahre angesammelt haben. Und was ist mit all den technischen Spielereien in der Schublade: der derbe Flaschenöffner und sechs verschiedene Backpinsel? Und wozu die altmodischen Gläser für Gewürze und Kräuter?

Es gibt eine nützliche Regel, der ich zu folgen versuche: Wenn etwas rissig oder beschädigt wird, werfen

Sie es sofort weg. In einer ungestümen Familie werden Sie damit ganz schnell eine Menge überflüssiges Zeug los. Die andere Regel, die ich immer streng befolge, lautet: Werfe nie die Besitztümer anderer Leute weg. Selbst wenn die Kinder zu alt für einige ihrer Spielsachen geworden sind, frage ich sie immer, bevor ich etwas weggebe. Schließlich ist eine komplette Sammlung von *Marvel*-Comics nichts, das man leichten Herzens ausrangiert. Was für andere noch nützlich sein könnte, sollte man zu einer karitativen Einrichtung bringen. Allerdings sollten Sie bei abgewetzten Schuhen, zerrissenen Büchern oder beschädigtem Spielzeug eine Trennlinie ziehen.

Bei Kleidungsstücken fällt es am schwersten, konsequent zu sein. Normalerweise halten wir aus ganz und gar sentimentalen Gründen an Kleidung fest, auch wenn sie schon lange untragbar geworden ist. Sie nimmt Platz im Kleiderschrank weg, liegt zerknittert unter Betten und lauert auf Kleiderbügeln, versteckt unter neueren Oberteilen. Tatsache ist, wenn Sie etwas ein Jahr lang nicht getragen haben, werden Sie es wahrscheinlich nie wieder anziehen. Also beißen Sie die Zähne zusammen und werfen Sie es weg, um anschließend die neue Geräumigkeit in Ihrem Kleiderschrank zu genießen. Alte Stiefel und Schuhe sind besonders heikel – wie sehr wir sie doch lieben! Wahrscheinlich sind sie außer Form geraten, abgewetzt und riechen komisch, aber sie sind nun mal gute Freunde gewesen. Die, die Sie beim Junggesellenabschied Ihres Freundes getragen haben, als der Absatz abbrach oder die, die Sie ein Jahr lang jeden Tag getragen haben, die ein Teil von Ihnen geworden sind, deren Sohlen aber inzwischen dünn wie Papier sind. Sie sollten sich von diesen Dingen nicht überwältigen lassen, zumal sie eine Menge Platz beanspruchen. Sie müssen weg. Tut mir leid.

Wenn Sie sich Schränke vornehmen, räumen Sie erst mal alles auf – sonst ist man zu schnell entmutigt und schiebt, nachdem man pflichtbewusst ein oder zwei Stücke aussortiert hat, alles wieder hinein und vergisst das große Ganze. Das Geheimnis lautet: Nur eine Schublade oder einen Schrank auf einmal angehen. Warum sollten Sie sich mit einer kompletten Entrümpelung peinigen? Immer nur ein bisschen auf einmal genügt völlig. Wie lange hat es schließlich gedauert, um das ganze Zeug anzusammeln? Wenn Sie eine Schrankschublade bewältigt haben, werden Sie sehr stolz und beglückt sein. Sollten Sie versuchen, jeden Schrank im Haus anzugehen, wird Sie das so erschöpfen, dass Sie nicht mal mehr Lust haben, die Flasche Rotwein zur Entspannung zu öffnen.

Was machen Sie jetzt mit all den Sachen, die Sie aussortiert haben? Einige der Aufbewahrungsschachteln unter der Treppe könnten nützlich sein, aber wahrscheinlich haben sie nicht die richtige Größe oder sie sind zum Anheben zu schwer, wenn sie voll sind und daher nicht unbedingt dienlich. Sie könnten damit auf einen Flohmarkt gehen oder einen Hofverkauf organisieren – was unterhaltsam sein kann – aber damit ist noch lange nicht garantiert, dass sie auch alles loswerden.

Was übrigbleibt, könnte in die Mülltonne wandern, aber vielleicht nicht hineinpassen, und damit taucht ein weiteres Problem auf. Die vermutlich einfachste Lösung besteht darin, alles zur nächstgelegenen Wohltätigkeitsorganisation zu karren oder in den Second-Hand-Laden.

Wo wir gerade beim Aussortieren sind, sollten Sie Ihren Kühlschrank nicht vergessen. Ihn auszuräumen ist genauso eine therapeutische Maßnahme wie die Entsorgung Ihrer alten Laufschuhe. Was bringt uns eigentlich dazu, an dem alten, halb aufgegessenen und faden Chutney im Glas festzuhalten oder an der einen Sardine, die noch in ihrer Dose liegt? Bitte glauben Sie mir, diese Reste werden sich nie als nützlich erweisen. Das Dumme ist, dass sie mit neuen Einkäufen in den Hintergrund gedrängt werden und dann dort wochenlang liegen bleiben. Befreit man all diese Butterfitzel in fettigem Einwickelpapier, den verwelkten Salat, die schlaffen Möhren und die zur Hälfte verzehrte Nudelsoße aus den unerreichbaren Winkeln des Kühlschranks, läuft er viel effizienter und löst weniger Schuldgefühle aus.

Musterlösungen für die Aufbewahrung

Ganz egal, wie ernsthaft Sie Ihr Zuhause entrümpeln, so lange Sie ein Mensch sind, wird es ständig »Dinge« im Alltag geben, die herumliegen und die die Hausarbeit zu einer zutiefst frustrierenden Angelegenheit machen. Sie können den Fußboden nicht gründlich saugen, wenn überall ausrangierte Laufschuhe, Spielzeug, Fernbedienungen und Fußbälle herumliegen. Arbeitsflächen zu reinigen, wird fast unmöglich, wenn sie mit geöffneten und ungeöffneten Briefen, Schreibstiften, Papier, Spielkonsolen, Tablets und Hundeleinen zugemüllt sind.

Je mehr Menschen unterschiedlichen Alters und verschiedener Interessen mit Ihnen zusammenleben, umso vielfältiger und raumgreifender wird deren Krims-

kram sein. Ich weiß nicht, wie man verhindern kann, dass so etwas überhaupt passiert. Auch wenn die Leute so rücksichtsvoll und ordentlich wie Prinzessinnen in Disney-Filmen sein mögen, irgendwann einmal kommen auch sie müde von der Arbeit oder Schule nach Hause, und werfen ihre Habseligkeiten ohne nachzudenken in die nächste Ecke, während sie die App für den Pizzalieferservice aufrufen.

Sich ein paar Gedanken über den Zustand der Aufbewahrungsmöglichkeiten im Haus zu machen, wäre ein guter Anfang. Die einzige Hoffnung auf freie Fahrt bei der Hausarbeit ist die Vergewisserung, dass Sie genügend Stauraum bereitgestellt haben, der auch tatsächlich in Anspruch genommen wird. Daher muss er auch in geeigneter Weise hergerichtet und bequem erreichbar platziert sein. Unter der Voraussetzung, dass Sie bereits entrümpelt haben, sollte das nicht allzu schwierig sein, aber dazu müssen wir ein klares Konzept haben und vermutlich auch ein paar Checklisten erstellen.

In einem großen Haus ist es nicht besonders schwer, herkömmliche oder ungewöhnliche Stauräume bereitzustellen wie zum Beispiel riesige antike Mahagonikleiderschränke oder auch spiegelbildlich aufgestellte Schränke an gegenüberliegenden Wänden, Fensterplätze (gut für Spielzeug geeignet) oder maßgefertigte Schränke unter der Treppe sowie Schirm- und Mantelständer im Flur.

In kleineren Häusern wird es womöglich etwas schwieriger, Aufbewahrungslösungen zu finden. Insbesondere moderne Mietshäuser zeichnen sich meistens durch erstaunlich winzig zugeschnittene Wohnungen aus, und manchmal fehlen Einbauschränke und Regale ganz und gar. In solchen Fällen müssen Sie mit viel Scharfsinn und Raffinesse herausfinden, wo Sie Platz für Ihre Sachen finden. Am besten fangen Sie damit an, Ihre Besitztümer, die Sie lagern möchten, in Kategorien aufzuteilen und festzustellen, was zusammengehört.

Kleidung und Geräte

Es ist eine Binsenweisheit, dass Aufbewahrung am wahrscheinlichsten funktioniert, wenn alles bequem erreichbar ist. So sollten beispielsweise die Dinge, die Sie verwenden, wenn Sie aus dem Haus gehen oder nach Hause kommen, wie Straßenschuhe, Mäntel, Schals und Regenschirme in Haustürnähe sein und nicht dort, wo Sie Schmutz ins Haus tragen würden. In dem Moment, wenn Sie durch die Tür kommen, sollten Sie die Sachen aufhängen können und sie auch wiederfinden, wenn Sie ausgehen wollen. Sportausrüstung auf kleinstem Raum aufzubewahren, könnte sich als heikel erweisen, und das gilt auch für Hundeleinen, Pfeifen, Flummibälle, Wolljacken und Kotschaufeln. Wenn Sie einen Hinterausgang haben und dort Platz für Schränke oder Stiefelhalter ist, dann könnte das ein guter Aufbewahrungsort sein, aber sollte Ihnen nur ein kleiner Flur und nur eine Tür zur Verfügung stehen, läuft wahrscheinlich alles darauf hinaus, viele Haken an der Wand zu befestigen (siehe Seite 136), an denen Sie Ihre Sachen aufhängen, statt die staubigen, beengten Räume unterm Bett zu nutzen.

CDs und DVDs

In der Theorie lädt heutzutage jeder die Musik und die Filme, die er mag, einfach herunter, sodass CDs und DVDs überflüssig geworden sind und daher kein Problem mehr für den Hausherrn darstellen. In Wirklichkeit stehen sie in vielen Haushalten stapelweise und ungeordnet herum, ein Staubfänger, der dann über den ganzen Fußboden verteilt wird, wenn man die eine Scheibe sucht, die man hören oder sehen will. Natürlich gibt es für diese Gegenstände alle möglichen raffinierten raumsparenden und bequemen Lösungen auf dem Markt. Entscheiden Sie sich für eine, in die Ihre komplette Sammlung passt und stellen Sie sie neben Ihren Fernseher oder CD-Spieler.

Bücher

Trotz der Versuche, mit moderner Technik das Buch zu ersetzen, kenne ich kaum Leute, die keine Bücher in ihrem Zuhause haben, aber ausgesprochen viele, deren Wohnungen von Büchern überquellen. Abgesehen von herkömmlichen Taschenbüchern produzieren Verlage wunderschön gestaltete Ausgaben als Sammlerstücke, die sorgsam verwahrt und gepflegt werden sollten. Schlecht organisierte Bücher machen einen schlampigen Eindruck, werden beschädigt und stören vor allem bei der Hausarbeit. Wer wird schon schnell mal mit einem Staubtuch drüber wischen, wenn er zuvor erst noch ein paar Bücherstapel umsetzen muss?

Ein erster kluger Schachzug wäre die Bereitstellung von genügend Regalen oder Bücherschränken für die

Bücher, die wir tatsächlich schon haben. Am besten stellen wir sie aufrecht hin, sodass wir sie leicht identifizieren können. Unterschiedlichen Buchgrößen begegnen wir mit verstellbaren Regalbrettern. Anschließend können wir uns Gedanken darüber machen, wie wir sie in gutem Zustand halten.

Abgesehen davon, dass chaotische Bücherhaufen das Staubwischen im Haus erschweren, ist Staub auch für die Bücher selbst nicht gut. Er ist grobkörnig und kratzig und kann durchaus Seiten und Bindung beschädigen. Haushaltsratgeber aus dem frühen 20. Jahrhundert empfahlen, jedes Buch einzeln aus dem Regal zu nehmen, die Seiten zusammenzuschlagen, um den Staub daraus zu vertreiben, was allerdings keine gute Idee ist. Bücher sind empfindliche Seelen und vertragen es nicht, geschlagen zu werden. Am besten verwendet man ein nicht kratzendes Staubtuch und wischt mit ihm zwischen den Büchern und dem nächsten Regalbrett. Sollte der Platz zwischen den Brettern sehr eng geworden sein, müssen Sie vielleicht jedes Buch kurz herausnehmen.

Möchten Sie die Bücher als etwas Besonderes herausstellen, dann geben sie den Regalen einen Ehrenplatz in Ihrem Wohnzimmer. Sind es andererseits nur alte Taschenbücher, finden Sie dafür vielleicht im Flur oder im Schlafzimmer einen Platz, wo sie in ein paar kleine vorgefertigte Bücherregale gestellt werden können. Eine Freundin von mir hat eine große Doppeltür zwischen zwei Salons an jeder Seite mit Bücherschrän-

ken eingerahmt, während sich über dem Türrahmen
ein Regal befindet, auf dem Keramikbecher ausgestellt
sind. Es sieht ansprechend und interessant aus und
spart eine Menge Platz.

Ein Vorteil des Baukastenprinzips individueller
Wandregale liegt darin, dass man deren Größe an die
Menge der Bücher anpasst, die man hat. Unterschiedliche Buchtypen kommen in ein Regal, das speziell für
sie eingerichtet wird.

Stauraum in der Küche

Natürlich sollten in der Küche aus reiner Bequemlichkeit die Tassen in der Nähe der Kaffemaschine stehen,
der Kühlschrank neben einer Fläche, auf der das Essen
zubereitet wird, der Abtropfständer neben der Spüle,
Schränke (für Teller und so weiter) so nahe wie möglich am Esstisch. Zugegeben, viele moderne Küchen
sind so winzig, dass es eigentlich egal ist, wo Sie diese
Dinge hinstellen. Sie werden wahrscheinlich sowieso
nicht alle von der Mitte der Küche aus erreichen. Doch
in einer größeren Küche ist es enorm hilfreich und
sinnvoll, wenn die Stauräume nach ergonomischen
Gesichtspunkten eingerichtet sind.

Ich weiß zwar, dass offene Regale in einer Küche Staub anziehen, aber ich bin auch exzentrisch genug, um offene Regale gut zu finden. Auf ihnen kann ich meine absoluten Lieblingsgegenstände sehen, deshalb habe ich eine eingebaute Küchenanrichte mit Regalbrettern unterschiedlicher Höhe und einer Menge Tassenhaken, die dafür gedacht sind, das Alltagsgeschirr wie Becher zu beherbergen sowie eine Sammlung dekorativer Dosen.

Da eine große Zahl von Schranktüren häufig dazu beiträgt, dass man sich in einem Raum eingeschlossen und beengt fühlt, sind hier weniger Türen ein weiterer Vorteil der offenen Anrichte. Das ist natürlich eine sehr persönliche Ansicht, die nicht jeder teilen wird, aber mir gefällt es so. Da die meisten hier abgestellten Gegenstände täglich benutzt werden, kommen sie selbstverständlich sowieso in den Abwasch.

Haken

Je weniger Dinge Sie auf dem Fußboden stehen haben, seien es nun Kleider, Spielzeug oder Möbel, umso leichter lässt sich die Hausarbeit erledigen. Haken und Klammern sind größtenteils ungenutzte Möglichkeiten, die Dinge vom Fußboden wegzubekommen. Nebenbei ermutigen sie damit Ihre Lieben, ihre Sachen aufzuhängen, statt sie auf den Boden zu werfen. Unter den Regalen im Schlafzimmer lassen sich ein paar Reihen Tassenhaken anbringen, an die Sie zahlreiche Halsketten und Armreifen hängen können. Ein schöner Nebeneffekt ist, dass wir sie dadurch wunderbar zur Geltung bringen, wie in einem kleinen Schaufenster. Außerdem eignen sich die Haken hervorragend zum Aufhängen dekorativer Einkaufstaschen.

In Eingangsbereichen und Foyers, wo Platz vermutlich hoch im Kurs steht und wo Sie verzweifelt versuchen, jeden zu ermutigen, seine Outdoorbekleidung und seinen Krimskrams abzulegen, verändert eine lange Reihe von Haken womöglich Ihr Leben – allerdings nicht die zaghafte Variante mit vier Haken nebeneinander, sondern eine Reihe, die so lang wie die Wand ist.

Mit etwas Glück hat dann jeder Mantel, Hut, Schal und Parka seinen eigenen Haken. So kommt es auch nicht zu »schwangeren« Wölbungen mehrerer Mäntel am selben Haken, die zu viel Platz wegnehmen. Vielleicht nehmen Sie ein Brett, machen sich selbst ans

Werk und entscheiden sich für ihre eigenen, großzügig dimensionierten Haken.

Dann gibt es noch das sogenannte Shaker-Konzept, alle Möbel aufzuhängen, die nicht gleichzeitig benutzt werden. Die Stühle wurden so entworfen, dass sie mit Klammern an die Wand gehängt werden, was nicht nur die Bewegung in der Wohnung, sondern auch das Fegen erleichtert. Für die heutigen kleinen Wohnungen mag das zwar nicht gerade die zweckmäßigste Idee sein, aber sie scheint zu gut zu sein, um sie ganz und gar abzulehnen. Auf dem Markt sind faltbare Hocker und Stühle erhältlich, die an Haken befestigt werden und völlig flach an der Wand hängen. Wenn Sie also gern andere Leute einladen, aber Ihre Wohnung nicht mit Sitzgelegenheiten übersäen wollen, wenn keine Gäste da sind, sollte man über dieses Konzept noch einmal nachdenken.

Weihnachtsdekoration

Es gibt bestimmte Kategorien von Haushaltsgegenständen, die eine spezielle Raffinesse verlangen. Was macht man zum Beispiel mit der Weihnachtsdekoration, die in verschiedenen Größen vorliegt, seltsame

Formen aufweist und sehr häufig zart und zerbrechlich ist? Man benutzt sie nur einmal im Jahr, daher ist es am besten, geeignete Aufbewahrungsboxen – leichten Karton oder Kunststoff – oder einfach nur robuste Tragetaschen zu finden, die unter ein Bett geschoben, auf einen Schrank oder ein hohes Regal gelegt werden können.

Anderenfalls verstaut man ihn in einer oder mehreren Schubladen, sodass die Wahrscheinlichkeit, die Deko wiederzufinden, gering ist. Elektrische Weihnachtskerzen gehören zu den heikelsten Gegenständen, wenn es um die Aufbewahrung geht. Versuchen Sie daran zu denken, die Originalverpackung aufzuheben. Es mag zwar eine Weile dauern, die ganze Verdrahtung wieder in die Schachtel zu stopfen, aber was herausgekommen ist, muss auch wieder hineingehen, und so bleiben die Lichter geschützt.

Schmuck

Es gibt noch ein immerwährendes Problem, vor allem, wenn es ums Staubwischen geht: Schmuck. Was machen Sie mit all den winzigen Broschen, die Ihre Großtante Ihnen vererbt hat und mit den vielen Einsteckkämmen und Haarklemmen, ohne die Sie gar nicht mehr auskommen können? Und was ist mit den Halsbändern, den Gold- und Perlenketten und all den Ringen, die Sie irgendwann einmal überstreifen werden, aber doch nicht alle gleichzeitig, oder?

In schmucklosen Holzkästchen lässt sich all dies wunderbar aufbewahren, obwohl man wahrscheinlich mehr als ein Kästchen braucht. Nähkästchen aus Holz, die man wie eine Ziehharmonika zusammenschieben kann, eignen sich ebenfalls hervorragend, sofern Sie die Breite berücksichtigen, die Sie brauchen, um es zu öffnen. Die besten sind nicht verziert, sodass Sie sie selbst bemalen oder Ihre eigene Deko aufkleben können. Obendrein geben sie ein schönes Geburtstagsgeschenk ab.

Werkzeug

Haushaltswerkzeuge sind immer ein Problem, es sei denn, Sie haben das Glück, eine Werkstatt oder Garage oder einen Raum mit separatem Arbeitsplatz zur Verfügung zu haben.

Aber jedes Zuhause braucht eine Mindestausrüstung: Hammer und Nägel, Zange, Schraubendreher,

Säge, Klempnerklebeband, Klebstoffe, Entlüftungsschlüssel, Bilderhaken und dergleichen.

Die traditionelle Segeltuchtasche ist ein biegsames Behältnis für eine sehr kleine und elementare Ausrüstung, die ursprünglich entwickelt wurde, um die Werkzeuge, die für eine bestimmte Arbeit gebraucht werden, mitnehmen zu können. Sie könnte die Lösung für solche Hausbesitzer sein, die im Grunde selten Werkzeuge benutzen und das auch nicht besonders mögen.

Eine bessere Lösung für eine ernstzunehmende Ausstattung ist eine Metallkiste mit etlichen Fächern für alles Mögliche, von Schraubenschlüsseln über Hämmer bis zu Bilderhaken. Das klingt vielleicht etwas übertrieben für eine kleine Wohnung, aber es gibt ständig Bedarf für solche Werkzeuge, für Teppichklebeband, Farbpinsel, Tassenhaken und andere Instandhaltungsobjekte, und diese in einer gesonderten Kiste aufzubewahren, ist auf jeden Fall eine gute Idee.

Papierkram

Ein weiteres Problem für den Hausherrn ist die viele Schreibarbeit, die mit der Post ins Haus kommt (trotz E-Mails und sozialer Netzwerke). Selbst nachdem Sie die ganzen unerwünschten E-Mails, Bettelbriefe, Geschäftsideen und bombastischen Versprechungen bei der Teilnahme an Gewinnspielen gelöscht haben, ganz zu schweigen von den niemals wiederkehrenden Angeboten für Isolierverglasungen und Solardächer, müssen Sie immer noch mit den Rechnungen leben, die bezahlt werden müssen. Erinnerungen flattern ins Haus, einen Sehtest machen zu lassen, Benachrichtigungen über Schulhalbjahrestermine und zahllose Nachrichten, bei denen Sie das Gefühl haben, sie aufheben zu müssen, weil Sie demnächst darauf antworten möchten. Dann liegen da noch Ausschnitte aus Zeitschriften herum, die Sie glauben, irgendwann einmal weiterzuverfolgen, Farbmuster für die geplante Renovierung und zahllose weitere flüchtige Gegenstände, die nicht weggeworfen werden dürfen. Sie sind sämtlich eine Verschwörung gegen die Sauberkeit und Ordentlichkeit Ihres Zuhauses.

Hier können die Aufbewahrungslösungen für Büros auch zu Hause wirksam sein. Und eine der nützlichsten Hilfen ist die bescheidene Archivschachtel oder der Aktenordner, die äußerst dienlich sind, um unterschiedliche Papiere abzulegen. In einem Regal aufgereiht und mit eindeutigen Etiketten versehen und farblich abgestimmt, sehen sie wirklich außerordentlich effizient aus, als habe man die Kontrolle, und Sie werden tatsächlich wesentlich mehr Kontrolle über ihre Papierarbeit haben als in der Zeit, bevor Sie die Ordner hatten. Außerdem können Sie jetzt den frisch verfügbaren Platz auf dem Küchentisch sauber machen.

Diese ganze raffinierte Archivierung ist allerdings keine Ausrede, um mit der Entrümpelung aufzuhören. Ich fürchte, Sie werden auch weiterhin Dinge anhäufen und sie dann einpacken, wegschmeißen, verschenken und verbrennen, weil keine Lagerungskapazität jemals ihre täglichen Anschaffungen bewältigen kann.

Haustiere in Alarmbereitschaft

Nur weil Sie Ihre Haustiere über alles lieben, heißt das nicht, dass Sie sich von ihnen schikanieren lassen müssen oder ihnen erlauben, den Schmutz eines Regentages ins Haus zu tragen und ihr Fell überall auszuschütteln. Hunde verstehen es ausgezeichnet, sich an einem nassen Tag genau in dem Moment auszuschütteln, wenn sie ins Haus hineinkommen. Wenn Sie meinen Rat befolgt haben, wird die großzügige und saugstarke Fußmatte an der Haustür zum Glück Fußboden und Teppich einigermaßen schützen, und wenn Sie ein altes Frotteehandtuch in der Nähe der Haustür deponieren, haben Sie zumindest eine kleine Chance, den Hund gut abzutrocknen, bevor er oder sie die Wände mit Schlamm vollspritzt.

Leider ist die Haustür nicht der einzige Ort, an dem das Haustier die Möglichkeit hat, Haare zu verlieren. Umso besser, wenn das Tier willens ist, seinem eigenen Platz treu zu sein, denn dann haben Sie gute Arbeit geleistet, Ihre eigene Sache voranzubringen. Sie müssen dann nur noch die Hundedecke einigermaßen regelmäßig ausschütteln und waschen, und Ihnen bleibt ein stundenlanges Enthaaren erspart. Obwohl ich überzeugt bin, dass man ein derart gutes Verhalten kultivieren kann, muss ich zugeben, dass es vielleicht etwas zu viel verlangt ist. Schließlich haben Sie sich für ein

Haustier entschieden, weil sie es knuddeln und streicheln wollen. Es soll auf ihrem Schoß sitzen und Sie
wollen es an den Ohren ziehen und seinen Bauch kraulen. Sobald sie dies tun, ist Ihre Kleidung von Haaren
bedeckt, und sollte Ihr Hund ein langhaariger Malte-
ser oder Ihre Katze eine weiße Perserkatze sein, müssen Sie frühzeitig damit aufhören, um sich wieder vorzeigbar zu machen. Obendrein können Sie sich noch

so sehr bemühen, ein Tier an sein Körbchen zu gewöhnen, üblicherweise wird es einen bequemen Sessel vorziehen. Das ist ziemlich verständlich, zumal das Körbchen normalerweise auf dem Fußboden steht und nur die Sicht auf Fußknöchel und Schuhe freigibt, während man vom Sofa oder vom Stuhl aus eine gute Sicht auf das Geschehen hat. Man sieht, wer zu Besuch kommt und was gekocht wird. Es ist unvermeidlich, dass die Leute auf Hundehaaren sitzen, bevor ihnen klar wird, was gerade geschieht. Sobald Sie dies als unausweichlich akzeptiert haben, können Sie den Stuhl mit einer Decke oder einem Plaid abdecken, die weggenommen werden können, wenn ein Mensch anstelle eines Hundes dort Platz nehmen will.

Also, was immer Sie auch tun, Sie werden mit Tierhaaren und Fell zu tun haben. Es gibt alle möglichen raffinierten Apparate, die Tierhaare schnell und effizient aufsammeln. So gibt es zum Beispiel ein paar kleine, handliche Werkzeuge, die bei der Fellpflege bürsten, kämmen und trimmen oder tragbare Staubsauger, die speziell entwickelt wurden, lose Haare aufzusammeln. Um ehrlich zu sein, würden sich eine Menge Schoßtiere, die ich kenne, nicht freiwillig in die

Nähe einer solchen technischen Spielerei begeben, so-dass Sie wohl auf die altmodische Art mit Bürste und Kamm striegeln oder spezielle Handschuhe dafür verwenden müssen. Für Haare auf Polstermöbeln und Kleidern gibt es einfache Roller, die Klebepapier verwenden, mit dem man über den Stoff fährt. Im Notfall können Sie Klebebandstreifen (für Pakete, Teppiche oder Klempner) verwenden, die Haare ziemlich gut aufnehmen, aber längst nicht so bequem sind wie so ein Roller. Außerdem sind Gummibürsten erhältlich, die auf wundersame Weise Haare von Gewebe und Möbeln aufsammeln. In Ermangelung solcher Hilfsmittel sollten auch angefeuchtete Gummihandschuhe genügen.

Spielzeug als große Herausforderung

Sobald ein Baby geboren wird, sammeln sich zahllose Habseligkeiten an. Abgesehen von notwendiger Ausstattung wie Gitterbett, Badewanne, Kinderwagen, Babysitz für Autos, Kinderhochstuhl und die riesigen Tragetaschen für die alltäglichen Erfordernisse, gibt es noch das Spielzeug. Tante, Onkel, Oma und Opa, Freund und Verwandter möchten dem Neuankömmling etwas schenken, daher wird das Baby nach einer oder zwei Wochen Dutzende Rasseln, flauschige Teddybären, rosa Elefanten, Mobiles und Spielbögen besitzen. Sie können mühelos irgendwo aufgereiht werden – etwa im Gitterbett oder auf der Fensterbank, wo man sie bewundern kann – aber wenn das Kind älter wird, werden alle gerade genannten Leute sowie neue Freunde und Bekannte weiterhin großzügige Geschenke machen, die vielfältiger werden, bis sie das Haus ganz und gar dominieren.

Zu diesem Zeitpunkt irgendwelche Spielzeuge aussortieren zu wollen, ist eigentlich unmöglich, weil man Freunde und Verwandte nicht verletzen will, weil das Kind Spaß hat, damit zu spielen und sie alle einen sentimentalen Wert haben. Deshalb ist eine kluge Aufbewahrung die einzige Option – ach ja, und Sie erhalten die Kontrolle darüber, wann und wie diese Spielzeuge verwendet werden.

Die wahrscheinlich beste Methode, diesen bunten Haufen Spielzeug zu organisieren, ist der Kauf einer Reihe durchsichtiger, stapelbarer Kunststoffkisten. Das macht es einfacher, eine oder zwei für eine spezielle Spielsession herauszusuchen, d.h., Sie müssen nicht jedes Mal, wenn ein Freund zu Besuch kommt, das ganze Zeug wegräumen.

Da Spielzeug jede erdenkliche Form und Größe hat und sehr empfindlich sein kann, ist eine Kategorisierung wichtig. Um mit den kleinsten Größen anzufangen: Es gibt immer endlose Sammlungen winziger Figuren, von Bauernhoftieren über Soldaten und Astronauten

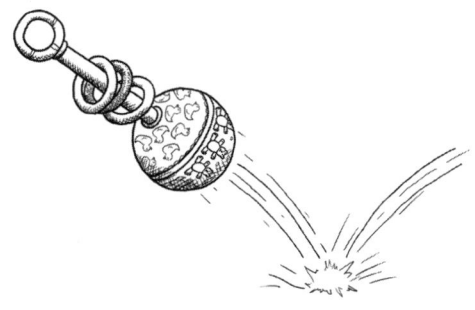

bis zu Darstellern aus Videospielen, die gesammelt und getauscht werden, mit denen gespielt wird – und die verloren gehen. Eine große Keksdose (oder vielleicht einige solcher Dosen, was von der Größe der Sammlung abhängt) reicht manchmal aus, um diese Figuren aufzubewahren.

Weitere nützliche Aufbewahrungskategorien sind Bauklötze, alles mit Rädern, elektronisches Spielzeug, Puppen und Kleider, Bücher sowie Brett- und Kartenspiele. Sobald Sie die Sachen grob eingestuft haben (allzu präzise kann man nicht sein, weil manche Gegenstände zu zwei oder drei Kategorien gehören – keine Sorge, Sie dürfen ruhig ein bisschen willkürlich vorgehen), können Sie die Kisten hervorholen, die Sie für jede Spielsession brauchen. Damit dieses System funktioniert, müssen Sie natürlich das Kind dabei unterstützen, alles in die richtige Kiste zurückzulegen, wenn das Spiel vorbei ist. Aber dadurch erspart man sich später eine Menge Ärger.

Das Teenagerzimmer

Meine Güte! Ein echtes Problem, was soll man nur machen? Nur sehr wenige Teenager auf dieser Welt

stehen auf Ordentlichkeit und sind selbst gern proper und gepflegt und richten ihre Habseligkeiten so her, dass sie nett aussehen. Wenn wir ehrlich sind, waren die meisten von uns als Teenager auch nicht gerade vorbildlich, wenn es um Sauberkeit und Ordnung im eigenen Zimmer ging. Teenagerzimmer sind einfach nur große Müllhalden mit umherfliegenden Schweißsocken und Strumpfhosen und Busmonatskarten, die unter Bergen von anprobierten und wieder ausgezogenen Kleidern, Make-up, Badeölen und dem allgegenwärtigen iPad oder Tablet versteckt sind. Beim Versuch, auf eine gewisse Ordnung zu bestehen, könnten Sie eigentlich auch gleich Ihren Kopf gegen die Wand schlagen. Oder Sie beißen in den sauren Apfel und akzeptieren, dass das jetzt so weiter geht bis nach dem College. Am besten, Sie halten die Tür verschlossen und schauen nie wieder hinein und erzählen ihrem Nachwuchs, dass ihm das Zimmer gehört und er dafür Verantwortung trägt.

Sorgen Sie für genügend Schränke, Bügel und Kommoden, einen Nachttisch mit Schubfächern und einen guten Spiegel (der das ganze Chaos reflektiert – allerdings nehmen Teenager nur das Chaos in sich selbst wahr und werden es daher nicht sehen).

Es wird bald vorbei sein – viel Glück!

TIPPS

- Kaufen Sie einen dekorativen Fußabstreifer – in Igel- oder Eulengestalt, als Dackel oder Eichhörnchen – anstelle eines normalen Modells, dann werden Ihre Kinder wahrscheinlich eher ihre Schuhe abputzen, bevor sie ins Haus kommen.

- Werfen Sie die vollgestopfte Kommode aus dem Gästezimmer und ersetzen Sie sie durch ein Klavier oder ein digitales Keyboard, auf dem jedes Familienmitglied spielen kann. Ein Kopfhörer wäre eine zusätzliche Option, den Ihre Nachbarn zu schätzen wüssten.

WAS MAN NICHT TUN SOLLTE

- Wenn Sie Bettdecken benutzen, was die meisten Leute heutzutage tun, dann verwenden Sie bitte nicht ein Oberlaken und einen Bettbezug gleichzeitig – Sie werden sich mitten in der Nacht nur darin verheddern und haben unnötigerweise zusätzliche Wäsche.

- In den Laden der Wohltätigkeitsorganisation gehen und das Zeug zurückkaufen, das Sie letzte Woche gespendet haben.

4

DEM DRECK EIN SCHNIPPCHEN SCHLAGEN

Angesichts der Fülle schmutziger Substanzen, die uns umzingeln, von Umweltschadstoffen über klebrige und fettige Dinge bis zu Schlamm, Körperausscheidungen, Malkreidespuren, Essenskrümeln und Tabellen für hartes Wasser, fühlt sich das Sauberhalten unseres Zuhauses wie ein fortwährender Kampf an.

Wie können Sie also mit so wenig Hausarbeit wie möglich am besten Ihr Heim sauber halten? Zunächst einmal sollten Sie nicht denken, es müsste jederzeit alles makellos sauber sein. Kein Arsenal blitzender Reinigungsmittel befreit Sie von der Notwendigkeit, die

Hausarbeit zu verrichten. Fühlen Sie sich niemals schuldig, wenn etwas erledigt werden muss und Sie haben es nicht geschafft – als Märtyrer kriegen Sie es erst recht nicht hin. Es gibt kaum etwas, das sie weniger davon abhält, etwas zu erledigen, als Schuldgefühle.

Wir haben bereits darüber gesprochen, wie die Entrümpelung Ihres Hauses das Saubermachen enorm erleichtern kann (siehe Seite 121). Ähnlich nützlich ist es, nebenbei aufzuräumen. Das mag sich naheliegend anhören, aber längst nicht alle von uns tun es, dabei ist es unglaublich effektiv. Wenn Sie noch zehn Minuten haben, bevor Sie Ihren Bus erwischen müssen, können Sie fünf Paar Schuhe wegräumen, die Spüle säubern oder eine Pappschachtel zusammenfalten und in die Papiertonne tun. Es nimmt kaum Zeit in Anspruch, mit einem Tuch durchs Badezimmer zu gehen oder das Waschbecken auszuwischen oder ein paar Läufer auszuschütteln. Sie werden es selbst kaum zur Kenntnis nehmen.

Mein dritter Kniff lautet: Mach es einfach – in geringem Ausmaß und häufig. Glauben Sie nicht, Sie müssten etwas Angenehmeres aufgeben, um sich jeweils mit dem fettigen Kochbereich abzuplagen oder die Fußböden zu saugen. Ich bevorzuge es eindeutig, die Dinge nach und nach zu erledigen, und nur dann, wenn es anfängt zu nerven. Der Dreck auf dem Küchenfußboden häuft sich tagelang an, ohne dass Sie es bemerken, und plötzlich fällt es Ihnen auf, also schnappen Sie sich einen Besen und, schwupp, ist es getan, was Sie womöglich dazu anregt, auch ein wenig im Flur und im Badezimmer sauberzumachen. Sitzen Sie also nicht herum und denken darüber nach – es wird Sie wahrscheinlich weniger als zehn Minuten kosten, und nichts muss länger als eine halbe Stunde dauern. Es wird Ihnen bestimmt nicht den Tag verderben und Sie werden höchst zufrieden sein.

Ich weiß, »weniger, dafür häufiger« scheint ein Mantra in diesem Buch zu sein, aber wenn es um die Hausarbeit geht, wird man mit dieser Taktik die Arbeitsbelastung insgesamt beträchtlich verringern. Ein nützlicher Richtwert ist es, alles in einem solchen Zustand zu bewahren, dass Sie bei einem unerwarteten Besuch nur ungefähr zehn Minuten brauchen werden, um Ihr Zuhause in vorzeigbarer Form zu präsentieren. Natürlich hat jeder seine eigenen Vorstellungen, was »vorzeigbar« heißt, aber wenn Sie nicht gerade hartnäckig der Philosophie eines stets blitzblanken Hauses anhängen, sollte eine schnelle Session mit dem Staubsauger, das Aufschütteln der Kissen und der Duft durchlaufenden Kaffees vollauf genügen. Bietet man dem Auge etwas Schönes wie zum Beispiel eine hübsche Vase mit Blumen, ist das eine großartige Möglichkeit, um sicherzugehen, dass die Aufmerksamkeit der Leute von den weniger attraktiven Ecken Ihres Hauses oder von den Stapeln unvollendeter Projekte abgelenkt wird.

Wie können wir also die unerlässlichen Aufgaben so mühelos wie möglich gestalten? Fangen wir mit dem schmutzigsten Bereich und der größten Herausforderung an – mit der Küche.

Ein paar Geheimwaffen für Küche und Badezimmer

In der Küche macht sich das »Saubermachen nebenbei« eimerweise bezahlbar. Die Essenszubereitung erzeugt Chaos. In meinen frühen Ehejahren war mein Mann der Koch und schuf mit enormem Aplomb Gourmetspeisen nebst unglaublichen Mengen benutzter Pfannen, Schüsseln, Kochmessern, Holzlöffeln und

Essensflecken. Als ich hinter ihm aufräumte, verstand ich die Botschaft, dass man die Arbeitsoberflächen immer automatisch nach jedem Zubereitungsschritt sauberwischen sollte. Dann können die Essensreste nicht antrocknen, und es wird leichter, sie zu entfernen. Gebrauchte Utensilien gehören in dem Bereich der Spüle, Verschmutzungen sollte man regelmäßig wegwischen, Essenshäppchen in angemessener Form

aufbewahren. So wird am Ende der Zubereitungszeit das Chaos weniger entmutigend und schneller zu beseitigen sein. Anschließend sollte man rasch den Fußboden fegen. Dadurch verhindert man, dass Krümel und Essensreste in den Belag getreten werden und zu einer hartnäckigen Kruste werden.

Wie wir bereits im vorangegangenen Kapitel erwähnt haben, sind die drei nützlichsten und effektivsten Küchenreiniger in Ihrem Arsenal verzehrbar: Zitronen, Essig und Natron (siehe Seite 30). Sie können sich das Präparat eines unschädlichen Haushaltsreinigers selbst zurechtmixen, und das obendrein noch schneller, als Sie zum nächsten Supermarkt gehen oder ihn online bestellen können.

Gießen Sie einfach jeweils eine Tasse Essig, Natron und heißes Wasser in einen Behälter. Rühren Sie das Gemisch um, lassen Sie es abkühlen, gießen Sie es in eine Sprühflasche und kleben Sie ein Etikett drauf. Wenn Sie dann Fliegenspuren an der Wand, schmuddelige Fingerabdrücke an Lichtschaltern oder Dutzende andere Flecken im Haus beseitigen wollen, schütteln Sie die Flasche, drücken Sie sie und wischen Sie mit einem Mikrofasertuch drüber.

Zitronen

Das wirklich Tolle an Zitronen ist: Sie können sie einmal durchschneiden und haben dann zwei in die Handteller passende »Wischlappen«, die Sie bequem handhaben können, um Fettflecken zum Beispiel von Arbeitsplatten und Wasserhähnen wegzureiben.

Fangen wir mit dem Kochbereich an und dort mit der Mikrowelle, in der die Essensspritzer allmählich zunehmen, ohne dass Sie es überhaupt bemerken. Stellen Sie eine Tasse Wasser mit dem Saft einer halben Zitrone in die Mitte der Mikrowelle und lassen Sie sie zehn Minuten eingeschaltet, dann sammelt sich der Dampf an den Innenwänden. Warten Sie ein paar Minuten, bevor Sie die Mikrowelle öffnen, anschließend können Sie die Wände mit einem feuchten Tuch oder einem Geschirrtuch abwischen. Ihre Mikrowelle ist wieder makellos sauber und duftet zudem angenehm frisch.

Eine ähnliche Technik können Sie für normale Herde anwenden, indem Sie ein Drittel eines tiefen Backblechs zu einem Drittel mit Wasser sowie dem Saft und der Schale zweier Zitronen füllen. Lassen Sie den Herd eine halbe Stunde lang auf 250 °C an. Sollte er stark verschmutzt sein, geben Sie ihm 40 Minuten. Warten Sie, bis er abgekühlt ist, entnehmen Sie das Backblech und wischen Sie dann mit einem in Zitronenwasser getränkten Mikrofasertuch das ganze überschüssige verbrannte Fett weg. Beenden Sie die Aktion mit einem alten Frotteehandtuch, falls Sie eines haben, denn die sind fantastisch saugfähig. Werfen Sie es danach weg. Sie können natürlich auch Küchenkrepp benutzen.

Der Trick dabei besteht darin, einfach wegzugehen und etwas Interessantes zu machen, während das Zitronenpräparat seine Wirkung entfaltet. Abgesehen davon, dass Sie ätzende chemische Reiniger vermeiden, läuft das Ganze darauf hinaus, sich die Dinge leichter zu machen. Deshalb sollten Sie nicht anfangen, angetrocknetes Fett krampfhaft wegzuschrubben, sondern der Lösung den Job überlassen. Wenn Sie den Herd monatelang (oder vielleicht sogar jahrelang?) nicht gereinigt haben, sollten Sie ihm eine zusätzliche halbe Stunde mit mehr Wasser und zwei weiteren Zitronen gönnen oder womöglich doch zu einem chemischen Reinigungsmittel greifen, aber für einen gut gepflegten Herd hat sich diese Methode bewährt.

Meine Enkel kochen sehr gern köstliche Currys und zaubern vegane Salate. Wenn Sie alle wieder zu Hause sind, bin ich allein mit einem Kochfeld, das aussieht wie das Innere eines Vulkantrichters. Sie werden das Problem auch kennen. Doch wenn Sie Natron auf die Oberfläche streuen, eine Zitrone aufschneiden, eine Hälfte davon als Scheuerlappen benutzen, damit über die Oberfläche und das Natron wischen und dann alles zehn Minuten einwirken lassen, können Sie das ganze Fett einfach wegwischen. Das funktioniert genauso gut auf Schneidebrettern oder beschichteten Arbeitsplatten, vor allem angesichts der sanft desinfizierenden Kraft der Zitronen.

Essig

Essig ist, wie Zitronensaft, ebenfalls eine Säure und, wenn es ums Reinigen geht, ein weiteres billiges und unschädliches Reinigungsmittel, das im ganzen Haus Verwendung findet. Wenn Sie große Flächen haben, die gereinigt werden müssen, dann ist Essig womöglich die billigere Option.

Sollten Sie einen verstopften Abfluss haben und es erfolglos mit einem Pömpel versucht haben, schütten

Sie eine halbe Tasse Natron in den Ausguss, gefolgt
von einer halben Tasse Essig und einer Tasse sehr heißen Wassers. Warten Sie zehn Minuten, und gießen Sie
dann noch mehr heißes Wasser hinzu. Falls es dann
noch nötig sein sollte, versuchen Sie es noch einmal
mit dem Pömpel. Auch hier ist das Warten wichtig, es
lässt Ihnen Zeit, fortzugehen und an etwas anderes zu
denken, während die Mischung ihre Wirkung entfaltet.

Eine Tasse Essig auf den Boden des Geschirrspülers
gestellt, verhindert, das Gläser trüb werden, und falls

Ihr Wasserkessel durch Rückstände harten Wassers in Mitleidenschaft gezogen sein sollte, füllen Sie ihn zur Hälfte mit Wasser und fügen Sie einen Eierbecher voll Essig hinzu, lassen Sie die Mischung aufkochen und zehn Minuten lang stehen. Das sollte den Kesselstein aufgelöst haben, und Sie müssen den Kessel nur noch ausspülen. Eine Warnung: Überfüllen Sie den Kessel nicht, weil das Ganze beim Kochen zum Aufschäumen neigt und überläuft, wenn der Kessel zu voll ist. Essig entfernt auch Kalkablagerungen von Wasserhähnen, Duschköpfen und dem Toilettenbecken. Sie können eine mit Essig gefüllte Plastiktüte um einen Wasserhahn wickeln, sodass das Ende im Essig liegt. Lassen Sie es ein paar Stunden lang einwirken, während Sie unterwegs sind. Anschließend können Sie die Ablagerungen mit einer alten Zahnbürste abreiben. Wahrscheinlich fragen Sie sich, wie Sie es schaffen, dass der Essig in der Kloschüssel bleibt, aber wenn Sie erst einmal eine großzügig bemessene Bahn Toilettenpapier oder Baumwolle in Essig getränkt haben, wird es sich an der Kalkablagerung festsaugen und sich durchfressen. Wie bei vielen Reinigungsaufgaben sollten Sie Geduld haben, ausgehen und ein paar Stunden verstreichen lassen. Oder aber Sie beginnen mit der Behandlung unmittelbar vorm Zubettgehen und beenden sie am nächsten Morgen – dann lässt sich alles ganz einfach wegwischen. Eine Freundin stellte in ihrer schilfgedeckten Hütte im ländlichen Sussex fest, dass der Duschkopf wegen starker Verkalkung kein Wasser mehr durchließ. Also goss sie Essig in einen Krug, legte den Duschkopf hinein und ließ ihn den Vormittag über da drin, während wir am Fluss spazieren gingen. Mittags funktionierte die Dusche wieder ausgezeichnet – wir mussten sie kaum ausbürsten.

Wenn Sie mit den Fenstern fertig sind (siehe Seite 182), können Sie ein wenig Essig in eine Plastiksprühflasche gießen und die Kacheln der Dusche und den Duschvorhang damit besprühen, um Schimmelpilz vorzubeugen. Dasselbe Resultat erzielen Sie, wenn alle im Haus daran denken, die Vorhänge zugezogen zu lassen, sodass sich keine dicken Falten bilden und genügend Luft herankommt.

Natron

Das ist eine milde Base, die für sich allein oder zusammen mit Zitronensaft oder Essig benutzt werden kann, um eine Menge Gegenstände im Haus zu säubern. Ich staune immer wieder, wie etwas derart Nichtssagendes und Genießbares so wirksam sein kann. Es beseitigt wirklich hartnäckige Kaffee- und Teeflecken in Tassen und Bechern – füllen Sie sie mit einer Mischung aus einem Eierbecher Natron und zwei Eierbechern warmen Wassers und lassen Sie sie über Nacht stehen. Waschen Sie sie am nächsten Morgen in warmem Wasser aus. Tun Sie dasselbe mit angebranntem Essen in Töpfen und auf Tellern, hier jedoch mit einer etwas stärkeren Lösung, und waschen Sie sie am nächsten Tag aus.

Natron absorbiert auch Hundegeruch von Polstermöbeln, wenn Sie ein wenig davon auf die riechenden Stellen streuen, es über Nacht einwirken lassen und anschließend aufsaugen. Kommen Sie nicht gleich mit dem Staubsauger angerannt, wenn Sie gerade erst das Natron verstreut haben – gönnen Sie dem Pulver etwas Zeit, um die Gerüche aufzunehmen. Diese Methode funktioniert unter Umständen auch mit Hundedecken, aber ich würde Ihnen raten, sie stattdessen hin und wieder zu waschen.

Sollten Sie einmal die Reinigung Ihres Kühlschranks versäumt haben, stellen Sie einen Eierbecher voll Na-

tron an die Rückwand, um den Gestank zu vertreiben;
es absorbiert die meisten Gerüche. Wenn diese jedoch
das Natron besiegen, werden Sie die Reinigung des
Kühlschranks nicht länger aufschieben können.

Weinstein

Zum Schluss wollen wir uns einen weiteren verzehrba-
ren Inhaltsstoff anschauen, der obendrein Bleicheigen-
schaften hat. Wiederum ist es eine milde Säure, ein
Nebenprodukt der Weinerzeugung. Meistens wird er
als Treibmittel beim Backen verwendet, aber er wird
auch zum Reinigen benutzt. Streichen Sie eine Paste
aus Weinstein und Zitronensaft mit einer Zahnbürste
auf fleckigen alten Fugenkitt im Badezimmer oder auf
die Küchenrückwand, lassen Sie sie ein paar Stunden
einwirken und wischen Sie sie dann mit einem feuchten Tuch weg, und schon haben Sie den Fugenkitt beträchtlich aufgehellt. Sie können damit auch eine Kaf-
feekanne säubern, genauso wie mit Natron. Schütten
Sie einfach drei Teelöffel Weinstein in die Kanne, fügen
Sie Wasser hinzu, erwärmen Sie die Kanne, lassen Sie
alles etwa eine Stunde lang einwirken und spülen Sie
die Kanne gut aus.

Fußböden

Ein sauberer, fleckenloser Fußboden erweckt den Eindruck eines insgesamt reinlichen Hauses und trägt dazu bei, die Tatsache zu verheimlichen, dass Sie zum Beispiel einen ganzen Monat lang das Staubwischen versäumt haben. Wenn Sie Ihre Dielenbretter auf Hochglanz gebracht haben und der Teppich gerade gesaugt ist und so frühlingshaft frisch ist wie das Fell eines Welpen, dann haben Sie einen wichtigen Schritt getan, um sich den Ruf einer tüchtigen Hausfrau zu erwerben.

Wenn Sie vernünftig genug gewesen sind, eine gute, saugstarke und große Fußmatte gekauft zu haben (siehe Seite 107), haben Sie sich bereits einen Menge Arbeit mit Staubsauger und Besen erspart.

Krümel, Staub, Matsch und Sand sind die auffälligsten Rückstände auf Fußböden und Teppichen. Bleiben sie liegen, verursachen Sie den meisten Schaden. Gelegentliche Spuren von Gummi, Teer oder Wachsmalstiften sehen nicht halb so schlimm aus wie der lose Schutt und können warten, bis Sie Zeit dafür haben. Ein schneller Griff zum Staubsauger in den fünf Minuten, bevor sie ausgehen (und bevor Sie Zeit haben, sich dagegen zu entscheiden) wird Ihnen helfen, alles unter Kontrolle zu bekommen. Auch ein rasches Wischen mit einem feuchten Schwammwischer nimmt in wenigen Sekunden eine Menge losen Dreck auf. Wenn Sie täglich ganz kurz saugen und wischen, bleibt Ihnen langfristig eine Menge Arbeit erspart.

Hartböden

Um sich die Arbeit zu erleichtern, sollte man Holzfußböden versiegeln statt sie zu bohnern. So bleiben sie vor Kratzern geschützt und saugen kein Wasser auf, was bedeutet, dass sie nicht aufpoliert werden müssen.

Eigentlich sollten Sie niemals einen versiegelten Fußboden bohnern, und selbst gebohnerte Fußböden müssen nicht halb so viel gebohnert werden, wie man es
häufig sieht. Zu viel Bohnerwachs macht den Boden
rutschig.

Unbehandelter Zementfußboden, zum Beispiel in
einer Garage oder Werkstatt, erzeugt fortwährend seinen eigenen Schutt und Sand, sodass die Leute, die
dort ein- und ausgehen, ihn an den Schuhsohlen mit-
schleppen. Die Reinigung solcher Böden kann sich als
nie endende Arbeit erweisen. Es gibt spezielle Versiegelungsmittel für Beton zu kaufen, die den ganzen Staub
eliminieren und Ihnen viele Stunden Arbeit ersparen.

Die althergebrachte Kunst, feuchte Teeblätter auf
den Küchenfußboden zu streuen und diese dann aufzufegen, löste zwei Probleme auf einmal. Erstens be-
antwortete es die Frage, was man mit den alten Tee-
blättern machen soll und zweitens wurde damit
verhindert, dass Staub aufgewirbelt wurde. Gebrauchte Teebeutel erfüllen denselben Zweck, solange
sie noch feucht sind – sie sind beim Auffegen etwas
sperriger, aber immerhin saugen auch sie den Staub
auf. Der Fußboden sieht eindeutig besser aus als zuvor,

selbst wenn Sie nur Zeit haben, das aufzufegen, was die Leute sehen und den Rest unter einem Läufer verschwinden lassen. Ich freue mich immer auf den Augenblick in *Schneewittchen*, wenn einer der sieben Zwerge den Kehricht unter den Teppich fegt. Normalerweise mache ich so etwas nicht, aber es gab Zeiten, da habe ich es getan.

Teppiche

Wenn Ihr Teppich neu ist, sollten Sie ihn in den ersten Wochen täglich saugen. Dadurch nehmen Sie alle losen Fasern auf, die sich an die Oberfläche hocharbeiten. Wenn ein Stück vom Teppich über die anderen Fasern hinausragt, schneiden Sie es mit einer Schere ab, aber versuchen Sie bitte nicht, es herauszuziehen.

Sobald sich der Teppich bei Ihnen »eingelebt« hat, sollten Sie ihn einigermaßen regelmäßig saugen. Dadurch verhindern Sie, dass sich der Schmutz darin einnistet, außerdem hält es den Flor aufrecht. Ein Staubsauger mit einer Bürste und einem Klopfer eignet sich am besten für Hochflor-Teppiche, während ein Gerät ohne diesen Zusatz am besten für Veloursteppiche zum Einsatz kommt. Saugen Sie mit der richtigen Geschwindigkeit: Wenn Sie ähnlich wie ich sind und ständig zu tun haben, huschen Sie über den Teppich und geben der Mündung kaum Zeit, den Boden zu berühren. Gehen Sie langsam über den Teppich, das wird genügen, aber wo es viele Fußabdrücke und Sand gibt, sollten Sie versuchen, zweimal langsam drüber zu gehen. Auf diese Weise werden Sie eine Menge Dreck und weitere Arbeit vermeiden.

Versuchen Sie nicht Zeit zu gewinnen, indem Sie Ihren Staubsauger zwingen, Dinge aufzusaugen, die er offensichtlich nicht aufnehmen will wie zum Beispiel Reißzwecken, Büroklammern und Glasperlen. Bücken Sie sich lieber und heben Sie sie selbst auf oder fegen Sie sie vorher zusammen.

Egal, welchen Teppich Sie haben, kein einsatzbereiter Staubsauger wird beim Reinigen effektiv sein, wenn sein Beutel nicht regelmäßig gelehrt wird. Meine Mutter sagte immer, der Beutel sollte nach jedem Gebrauch geleert werden – der Ratschlag einer Perfektionistin, den ich nie in die Tat umsetzen konnte, aber es ist natürlich wichtig, den Beutel zu leeren, bevor er ganz voll ist. Sollte Ihr Staubsauger keinen Beutel haben, dann ist es genauso wichtig, den Filter regelmäßig auszuwaschen. Die meisten Filter lassen sich leicht entfernen, waschen und wieder einsetzen, sobald sie trocken sind. Der empfohlene Zeitraum beträgt rund drei Monate.

Hin und wieder lohnt es sich, Ihren Teppich mit einem Teppichreinigungsgerät aus dem Baumarkt zu behandeln. Da Sie das wahrscheinlich nur einmal im Jahr machen müssen, ist der Kauf eines Teppichreinigers womöglich eine unnötige Anschaffung für nur einen Haushalt, zumal er ziemlich viel Platz einnimmt. Daher ist es ratsam, ihn sich mit Freunden oder der Familie zu teilen.

Polstermöbel

Polsterstühle und -sofas mit oder ohne abnehmbaren Polstern haben es in den meisten Haushalten wirklich schwer. Wenn sie neu sind, sehen sie fantastisch aus, aber es dauert nicht lange, bis die ersten Leute ihren Kaffee verschütten und Tomatensoße drauf kleckern. Schmuddelige Finger beschmutzen die Armlehnen, matschige Schuhsohlen hinterlassen Spuren auf Kissen, Hunde- und Katzenhaare bleiben daran hängen, in den Falten sammelt sich der Staub an – und plötzlich sieht alles abgenutzt und langweilig aus. Es lohnt sich tatsächlich, die abnehmbaren Polster morgens oder abends herauszuziehen und durchzuschütteln. Hin und wieder sollten Sie flüchtig mit dem Polsterzubehör Ihres Staubsaugers oder mit einem Handstaubsauger drüber gehen, nur um alles in Schuss zu halten. Schütteln Sie die Kissen auf und richten Sie die Polster, damit alles flott aussieht. Haustierbesitzer haben, wie bereits erwähnt, eine Decke für den Lieblingsstuhl ihres Tiers. Bei Bedarf können Sie sie einfach entfernen, wenn der Stuhl für jemanden gebraucht wird.

Versuchen Sie mal, ein Polstermöbel gleichmäßig sauber zu halten. Das funktioniert wirklich großartig. Wenn Sie das Gefühl haben, dass es insgesamt schmuddelig wirkt, können Sie zur Auffrischung mit einem feuchten Mikrofasertuch über Armlehne, Rücken und Ritzen streichen. Wischen Sie alles Verschüttete gleich auf, bevor es sich festsetzt, trocknet und den Stoff endgültig fleckig aussehen lässt. Wenden Sie gelegentlich die Kissen und behandeln Sie die Stühle zwei bis drei Mal im Jahr mit einem geeigneten Trockenshampoo für Polstermöbel, selbst wenn das Möbelstück noch sauber aussieht. Versuchen Sie, dies unregelmäßig, aber doch häufig zu tun, dann müssen Sie sie nicht allzu oft waschen oder in die chemische Reinigung geben.

Neue Polstermöbel mit abnehmbaren Polstern sollten mit einem internationalen Etikettiersystem ausgestattet sein, das Reinigungshinweise enthält. Diese Etiketten sind normalerweise unter den Sitzkissen versteckt. Wenn Sie nicht dort sind, überprüfen Sie alle Aufkleber, die Sie an dem Möbelstück finden (hoffentlich haben Sie sie nicht entfernt, als Sie die Möbel nach Hause gebracht haben). Ein Etikett mit einem »W« heißt, man soll ein Polstershampoo oder ein anderes Reinigungsmittel auf Wasserbasis verwenden. »S« steht für ein nicht wasserlösliches Mittel. Natürlich kann man sich auch Hilfe von einem Profi holen. »S/W« bedeutet, Sie können beide der oben genannten Mittel verwenden – so etwas sieht man selten auf neuen Möbeln und es heißt eigentlich, dass es am besten wäre, Sie brächten die Polster in eine chemische Reinigung. Wenn Sie vorhaben, Polstermöbel zu kaufen oder wenn Sie nicht sicher sind, wie man etwas reinigt, lohnt es sich, nach diesen Aufklebern oder Etiketten Ausschau zu halten, bevor Sie letztlich das falsche Produkt anwenden und die Sofapolster ruinieren.

Vorhänge

Wie, um Himmels Willen, sollte man mit den Vorhängen in der Wohnung umgehen, insbesondere wenn es dabei um schwere, Falten werfende Vorhänge geht, die in anmutigen Kaskaden fallen sollen und auf dem Fußboden in Kräuselungen enden? Vielleicht brauchen sie die meiste Zeit keine Aufmerksamkeit, aber irgendwann müssen sie dann doch gewaschen oder in die Reinigung gebracht werden. Und dann stehen Sie vor dem Problem, hochzusteigen, um sie auszuhaken oder die Schleifen zu lösen und sich zu entscheiden, wie man am besten mit ihnen verfährt.

Natürlich können Sie das eine Zeit lang erfolgreich aufschieben, indem Sie die Vorhänge generell staubfrei halten und vor Spritzern bewahren. Schütteln Sie sie einmal pro Woche gründlich aus oder gehen Sie mit einem langstieligen Staubsauger drüber. Das hält sie frisch. Wenn Sie saugen, sollten Sie an die Schienen oder Stangen an der Oberseite der Vorhänge denken. Aber irgendwann werden Sie nicht mehr darum herumkommen, sich eine radikalere Behandlung zu überlegen. Suchen Sie das Etikett, auf dem steht, ob Sie sie waschen können oder ob sie in die Reinigung müssen. Manchmal ist der Hauptbestandteil des Stoffs waschbar, aber das Futter nicht. Leichter Musselin oder hauchdünne Vorhänge kann man in einem Kopfkissen oder in einem Wäschenetz waschen. Außerdem lassen sie sich leicht trocknen. Weite, voluminöse Vorhänge werden äußerst schwer, wenn sie nass sind, passen womöglich nicht in Ihren Trockner und müssen deshalb irgendwo aufgehängt werden, um zu trocknen. Anschließend müssen sie gefaltet und gebügelt werden. Wenn Sie sich dafür entschieden haben, waschen Sie sie mit einem Kaltwasserprogramm und mit einer geringen Menge Waschmittel, aber wenn Sie das beste Ergebnis erzielen möchten, dann bringen Sie sie lieber in die nächste Wäscherei oder chemische Reinigung, wo man professionell mit ihnen umgeht.

Jalousien

Es ist eine Binsenweisheit, dass ein professioneller Reinigungsbetrieb Vorhänge und Jalousien sowie Wendebettbezüge und Kissen besser waschen kann, als Sie selbst es könnten. Beim Waschen und Trocknen erweisen sich alle Jalousien als unhandlich. Theoretisch

können Sie sie abnehmen und in der Badewanne waschen, aber ganz ehrlich – sie sind sperrig, haben scharfe Kanten, sodass Sie sich wahrscheinlich Kratzer holen werden. Am einfachsten ist es, die Jalousie an Ort und Stelle hängen zu lassen, einen Baumwollhandschuh überzustreifen und damit über die Lamellen zu streichen. Für diese Aufgabe gibt es speziell entworfene Zangen oder Bürsten mit Schaumgummipolstern, doch die sind mit ziemlicher Sicherheit schwieriger zu handhaben. Mit behandschuhten Fingern geht es einfach besser.

Rollläden lassen sich mit einem trockenen Mikrofasertuch abreiben, wenn sie offensichtlich zu schmuddelig werden. Manche sind waschbar, aber auch hier ist das eine ziemlich sperrige Angelegenheit, sodass Sie es möglichst vermeiden sollten. Mit Kunststoff beschichtete Jalousien lassen sich mit einem feuchten Mikrofasertuch abwischen.

Mit Vertikalflächen und Höhen zurechtkommen

Insgesamt betrachtet, werden senkrechte Oberflächen wie Wände und Türen natürlich nicht so schnell schmutzig, abgesehen von einem dünnen Grauschleier, wie ihn der Alltag mit sich bringt.

Wenn Sie es wirklich machen wollen, können Sie diesen Film hin und wieder mit einer Spinnennetzbürste oder mit einem trockenen Mikrofasertuch abwischen. Aber eine Wand sollten Sie normalerweise nur dann abwischen, wenn Sie eine Renovierung planen. Die Mikrofasertuchmethode funktioniert wunderbar bei gestrichenen und tapezierten Wänden. Aber wenn Ihre Tapete eine erhabene Oberfläche haben sollte, wäre ein Staubpinsel besser geeignet, weil er bei vorsichtiger Benutzung den Staub verstreut, ohne die Oberfläche zu beschädigen.

Die bemerkenswertesten, nicht an Vertikalflächen gehörenden Objekte sind Spinnennetze mit ihrem Beutegut an toten Fliegen, die sich in den Ecken ansammeln, wo die Wand auf die Zimmerdecke trifft sowie in den oberen Ecken der Fensterrahmen. Die können sich im Lauf der Zeit unbemerkt vervielfältigen, aber sobald Sie sie erst wahrgenommen haben, werden sie zur schrecklichen Gewissheit, schaukeln sanft in der Zugluft und verbreiten ein Gefühl von Schuld und Verwahrlosung.

Auch hier ist es das Beste, ihnen mit einem trockenen Tuch oder einer Bürste zu Leibe zu rücken. Sobald Sie versuchen, sie abzuwaschen, verschmieren sich Staub und Fliegenflügel über die Wand, was die Reinigung zusätzlich erschwert. Verwenden Sie die Spinnennetzbürste auch zum Entstauben der Deckenbeleuchtung, und versuchen Sie bloß nie, sie mit Wasser oder einem feuchten Tuch zu säubern. Vielleicht kommen Sie auf die Idee, ein altes Bettlaken darunter auszubreiten, um

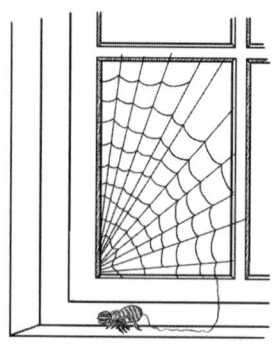

den Schmutz aufzufangen, ansonsten müssten Sie unnötigerweise den Staubsauger holen.

Andere Dinge, die sich allmählich und unbemerkt an den Wänden ansammeln können, sind Fliegenflecken und Abdrücke schmuddeliger Finger. Hausfliegen sitzen gern auf hellen, flachen, blassfarbenen Oberflächen wie Fensterscheiben, Spiegeln und weißen Wänden, wo sie ihren Kot ausscheiden und erbrechen und kleine Flecken zurücklassen. Häufig nehmen Sie sie gar nicht wahr, bis sie sich angesammelt haben, aber sie lassen sich leicht mit Küchenpapier entfernen, das in einer Tasse mit gleichen Teilen Essig und warmem Wasser eingetaucht wurde. Mit dieser simplen Methode entfernen Sie auch Fingerabdrücke von Lichtschaltern. Wo kommen die eigentlich her? Wer hätte gedacht, dass wir alle so schmuddelige Finger haben?

Leuchtmittel

Wenn Leuchtmittel zu viel Staub ansammeln, werden sie weniger effektiv und trüb. Leuchtstoffröhren verlieren angeblich 40 Prozent ihrer Leuchtkraft, wenn sie sehr schmutzig werden, was häufig in Küchen und Garagen geschieht. Doch alle Leuchtmittel müssen gelegentlich entstaubt werden oder Sie werden sich fragen, warum Sie beim Kartoffelschälen nur noch schlecht sehen oder Ihre Briefe nicht mehr lesen können. Natürlich dürfen Sie nicht vergessen, das Licht auszuschalten, bevor sie damit herumhantieren.

Glänzendes Glas

Fenster

Sie werden im Supermarkt eine große Auswahl von Sprühflaschen zum Fensterputzen finden. Sollten Sie irgendwelche davon benutzen, denken Sie daran, dass Sie für trockenes Glas gedacht sind. Wenn Sie daher Kondensfeuchtigkeit haben oder es ziemlich stark geregnet hat, sollten Sie zuvor das Fenster abtrocknen. Tatsächlich ist es billiger und genauso wirksam, wenn Sie zum Fensterputzen Essig statt eines chemischen Produkts verwenden. Sie müssen lediglich einen Eimer mit warmem Wasser füllen und einen Becher Essig hinzufügen (die Größe des Bechers ist nicht wichtig – wir sind ja hier keine Raketeningenieure).

Bevor Sie anfangen, nehmen Sie am besten ein feuchtes Tuch und wischen jeden trockenen Dreck wie zum Beispiel Staubteilchen, Laubfetzen und alte Spinnennetze weg, sodass Sie das Gröbste entfernt haben. Heutzutage ist statt einer Ansammlung von Baumwolltüchern oder alter Lappen ein Fensterabzieher angesagt. Fensterabzieher gibt es in vielen Wischerbreiten. Sie können sich einen kleinen besorgen (wie Sie ihn für die Scheiben Ihres Autos benutzen), für kleine quadratische Scheiben und breite für große Fensterscheiben und Tafelglas. Tauchen Sie ihren Abzieher in

den Eimer, bis der ganze Wischer mit der Wasser-Essigmischung bedeckt ist. Anschließend fangen Sie ganz oben an, ziehen den Wischer in horizontalen Streifen die Scheibe entlang, bis Sie unten angekommen sind. Sollte das Fenster sehr schmutzig sein (zum Beispiel die Außenseite eines Parterrefensters), werden Sie den Vorgang wahrscheinlich wiederholen müssen. Wischen Sie nach jedem Streich den Wischer mit der geheimen magischen Zutat – zerknülltem Zeitungspapier – ab, tauchen Sie ihn dann wieder in den Eimer und fahren Sie fort. Wenn Sie das ganze Fenster von einer Seite zur anderen und von oben bis unten fertig haben, trocken Sie es mit zerknülltem Zeitungspapier ab und benutzen Sie das Papier, um die letzten kleinen hartnäckigen Dreckspritzer oder Wassertropfen wegzureiben – *et voila!* Ich kenne ein paar Leute, die die Idee ablehnen, Zeitungspapier würde funktionieren, aber ich versichere Ihnen, es funktioniert. Ich weiß nicht, ob es die Druckerschwärze auf dem Papier selbst ist, die alles aufsaugt, aber es geht schnell, und das Papier ist danach recycelbar.

Falls Sie sich etwas Gutes gönnen möchten, kaufen Sie sich ein Gamsleder oder Chamois. Eine Gämse ist ein ziegenartiges, agiles Tier mit kurzen, gebogenen Hörnen. Ihre Haut wurde in früheren Zeiten benutzt, um ein weiches, nachgiebiges Leder für Handschuhe und Reinigungstücher herzustellen. Heutzutage wird Chamoisleder aus Schaf- oder Lammleder gemacht, aber es hat dieselbe weiche, nachgiebige Konsistenz, sodass es ein Vergnügen ist, es zu benutzen. Mit ihm lässt sich der Wischer des Fensterabziehers während der Arbeit gut säubern und der letzte schmierige Rest von der Scheibe wischen, wenn Sie fertig sind. Benutzen Sie es abwechselnd mit dem zerknüllten Zeitungspapier, aber nicht ausschließlich.

Sie sollten allerdings nicht allzu begeistert Fenster putzen, wenn es Frost gibt oder wenn die Sonne intensiv scheint. Dann fällt Ihnen die Schmuddeligkeit zwar auf, aber Frost macht das Glas verletzlicher, sodass es leichter zerbricht, während im hellen Sonnenschein das Wasser zu schnell trocknet, was Schmierspuren begünstigt. Obendrein werden Sie wahrscheinlich durch die Sonne geblendet und sind überhaupt nicht in der Lage zu sehen, was Sie machen. Was Sie auch tun, benutzen Sie keinesfalls irgendwelche schleifenden Wischlappen, um hartnäckige Spuren zu beseitigen.

Lieber sollten Sie Wasser und Essig ein wenig länger auf der Fensterscheibe lassen, bevor sie es wegwischen.

Spiegel, Acrylglas, Bildschirme und Telefone

So effizient Fensterabzieher auf Fensterglas auch sein mögen, sollten sie doch nicht auf *Spiegeln*, die eine Silberrückseite mit einer Kupferfarbschicht dahinter haben, zum Einsatz kommen. Falls Wasser zwischen das Glas und die Rückseite gerät, kann es passieren, dass sich der Spiegel verfärbt. Gießen Sie daher Ihre Essig-und Wassermischung in eine Sprühflasche, sprühen Sie die Mischung auf ein Mikrofasertuch, um das Spiegelglas lediglich anzufeuchten und wischen Sie anschließend sorgfältig über die gesamte Fläche und achten Sie darauf, dass keine Feuchtigkeit an die Kanten gelangt.

Weitere glasähnliche Materialien müssen ebenfalls sorgfältig behandelt werden. So ist beispielsweise *Acrylglas* (ein durchsichtiger thermoplastischer Kunststoff, auch bekannt als Plexiglas oder Perspex) natürlich kein Glas, sondern ein Kunststoff, sodass bestimmte Lösungsmittel Schäden verursachen, vor allem jegliche Schleifmittel, sogar Staub können ihm Kratzer zufügen.

Manchmal wird es als Ersatz für Fensterglas, Dachfenster, Bilder- oder Fotorahmen, Fernsehschirme und Badewannen benutzt und sollte stets mit einem Spezialreiniger für Acryl gesäubert werden und mit nichts anderem.

Ihr *Computerbildschirm* kann ewig lange Schmutz ansammeln, bevor Sie eines Morgens plötzlich die Schmierspuren bemerken und rasch den Reiniger holen. Sie können eine Wasser-Essig-Lösung (50:50-Mischung) benutzen, allerdings darf es kein Leitungswasser sein, sondern destilliertes Wasser. Verwenden Sie keine Ammoniaklösung oder Fensterputzprodukte, weil sie den Monitor verfärben können. Eigentlich ist es am besten, einen Spezialreiniger zu kaufen, ihn auf ein weiches Tuch zu sprühen und dann sehr behutsam den ganzen Bildschirm damit abzuwischen. Verwenden Sie kein Küchenpapier, Geschirrtuch oder Kosmetiktuch – ob Sie es glauben oder nicht, sie sind alle zu rau.

Ach, und übrigens: vielleicht sollten Sie wissen, dass Kartoffelchips und Croissantkrümel mit einem weichen Wasserfarbenpinsel ganz leicht von der Tastatur gefegt werden können.

Fernsehschirme sind wieder eine ganz andere Sache, und unterschiedliche Hersteller geben auch unterschiedliche Ratschläge für ihre eigenen Bildschirme, die womöglich eine spezielle Oberflächenbeschichtung haben, die durch Fensterputzprodukte beschädigt werden kann. Es könnte sich lohnen, das Handbuch zu konsultieren, um festzustellen, ob darin ein besonderes Mittel empfohlen wird. Gute Bildschirmreiniger weisen darauf hin, dass sie keinen Alkohol oder Ammoniak enthalten. Halten Sie für diesen Zweck ein weiches Mikrofasertuch bereit und benutzen Sie es in trockenem Zustand. Sollte Ihr Fernseher unappetitlich verschmutzt sein, feuchten Sie das Tuch ein wenig an, aber drücken Sie nicht zu fest damit auf – dieses Glas zerbricht sehr leicht. Ich sollte es eigentlich nicht sagen müssen, aber schalten Sie bitte das Gerät aus, bevor Sie es reinigen, Sie könnten sonst einen Stromschlag bekommen.

Ich nehme an, es sollte sonnenklar sein, dass unsere *Telefone* zu den schmutzigsten Dingen gehören, die wir besitzen. Wir atmen ständig in sie hinein und nehmen sie in die Hand, ohne diese vorher gewaschen zu haben. Zumindest sind unsere Mobilphone mehr oder weniger glatt und lassen sich leicht abwischen, aber bei einem Festnetztelefon gibt es einen Hörer und eine Sprechmuschel, und häufig benutzen es mehrere Personen. Im Idealfall sollten Sie den Netzstecker entfernen, wenn Sie es sauber machen, aber so lange Sie dabei nicht nass werden, können Sie darauf verzichten. Für alle Telefonmodelle gilt: Sprühen Sie kein Wasser direkt auf das Gerät, sondern feuchten Sie ein weiches Tuch ein wenig an, um Fingerabdrücke, Kaffeeflecken und Keime zu entfernen, nehmen Sie dann eine trockene Ecke des Tuchs, um jegliche Feuchtigkeit zu entfernen. Mit Wattebäuschen entfernen Sie Staub und Krümel aus allen Ecken.

Möbel, die es auf Sie abgesehen haben

Glücklicherweise ist das Entstauben die wichtigste Aktion, um Möbel in den Griff zu bekommen. Dafür müssen Sie keinen Termin in Ihren Kalender eintragen, tun Sie es einfach dann, wenn es Ihnen auffällt. Wenn Sie schon mal dabei sind, wäre es hilfreich, sich gelegentlich die unteren Querverstrebungen und Grundträger von Stühlen und Tischen anzuschauen, die meistens vergessen werden, sowie einen Blick auf die Armlehnen zu riskieren, die allzu schnell schmuddelig werden und vermutlich eher ein feuchtes Mikrofasertuch gebrauchen können als nur ein Staubtuch. Ihre effiziente Fußmatte und Ihr regelmäßiges Staubsaugen verringern den Staub ohnehin schon, sodass Sie dies nicht allzu oft tun müssen.

Aber wenn Sie beim Staubwischen sind, tun Sie es zuerst und saugen Sie danach, sodass der auf dem Fußboden liegen gebliebene Staub vom Staubsauger aufgenommen wird. Staubwedel eignen sich hervorragend für Spinnennetze und Bilderschienen, allerdings können Sie Kratzer auf empfindlichen Möbeln hinterlassen. Nehmen Sie stattdessen also lieber einen Lappen oder ein Staubtuch aus Mikrofaser.

Die meisten Möbel, die heutzutage erhältlich sind, haben eine leicht zu reinigende und schwer zu beschädigende Lackierung und benötigen, abgesehen vom Staubwischen, nur ein gelegentliches Abwischen mit einem trockenen oder feuchten Tuch, und das war's dann auch schon. Aber wenn Sie ein älteres oder antikes Stück besitzen, vor allem, wenn es aus Holz ist, braucht es ein wenig mehr Pflege und Augenmerk, damit es gut aussieht und um seiner exquisiten und teuren Oberfläche jeglichen Schaden zu ersparen.

Wenn das Möbelstück ein wenig schmuddelig ist, wischen Sie es mit einem Tuch ab, das Sie in eine Tasse Wasser getaucht haben, dem ein paar Tropfen Essig hinzugefügt wurden. Anschließend können Sie sich auf die beste Oberflächenbehandlung konzentrieren. Glücklicherweise lautet der Rat meistens, im Zweifelsfall nicht einzugreifen und es so wenig wie möglich zu reinigen.

Lassen Sie uns daher schnell einen Blick auf die geläufigsten Holzlackierungen und ihre Behandlung werfen.

Bemalte Möbel: Auf modernen Möbeln werden normalerweise glänzende und seidenmatte Farben oder Latexfarben verwendet. Sie sind alle strapazierfähig und schmutzabweisend, sodass das Mobiliar lediglich mit einem Geschirrspülmittel abgerieben werden und danach mit einem sauberen Tuch abgewischt werden muss.

Gebeiztes Holz: Auch hier strapazierfähig und nicht poliert, daher braucht es nur mit einem feuchten Tuch abgewischt zu werden.

Unversiegeltes Holz: Kommt häufig in Küchentischen und Arbeitsplatten aus Massivholz zum Einsatz. Manche Leute tragen gern ein Öl auf unversiegeltes Holz auf, während andere es vorzugsweise in seinem Naturzustand belassen. So oder so, geben Sie zunächst etwas Seifenlauge auf ein Tuch und nicht direkt aufs Holz. Außerdem sollte die Oberfläche nie feucht gelassen werden.

Lasiertes oder lackiertes Holz: Wird meistens für Tische und Stühle benutzt und sollte feucht abgewischt und dann aufpoliert werden. Hin und wieder können Sie eine Politur aufsprühen, aber es ist verlockend, zu häufig zu viel Politur zu verwenden, sodass sie sich anlagert und mehr Dreck und Staub anzieht.

Furnier: Das ist einfach eine äußerst dünne Holzschicht, die auf eine Grundfläche geklebt wird. Es ist eine zerbrechliche Oberfläche, die mit Sorgfalt gereinigt werden muss. Mit feuchtem Staubtuch behandeln, weil eine dünne Lasur über dem Furnier Blasen werfen kann, wenn sie nass wird. Vergewissern Sie sich, dass es vollständig trocken ist, wenn Sie fertig sind.

Einige komplexe Oberflächenintarsien wie zum Beispiel Marketerien oder Handgeschnitztes benötigen eine Spezialbehandlung, weil sie akribisch per Hand zusammengesetzt wurden und aus unterschiedlichen Schichten dünnen Holzes und möglicherweise auch aus Metallschichten bestehen. Das Wichtigste dabei ist, dass sie niemals nass werden dürfen. Wasser hebt die verflochtenen kleinen Holzsplitter hoch, worauf sie sich zusammenrollen, sodass eine Reparatur nahezu unmöglich ist. Benutzen Sie kein Staubtuch zum Entstauben. Kleine Fasern können sich in der Intarsie verhaken und das gute Stück beschädigen. Benutzen Sie deshalb eine Handbürste mit weichen Borsten oder einen weichen Wasserfarbenpinsel. Politur sollten Sie eigentlich kaum jemals benutzen müssen.

TIPPS

- Wenn die Hausarbeit zunimmt und es Ihnen alles zu viel wird, laden Sie ein paar Freunde zum Kaffee ein. Es ist bemerkenswert, wie schnell Sie die Energie finden, aufzuräumen, bevor die Gäste eintreffen.

- Wenn Sie das nächste Mal Backpulver (Natron) verwenden, vielleicht wenn Sie Pfannkuchen oder Blinis zubereiten, dann nehmen Sie die Gelegenheit wahr, und kochen Sie etwas übrig gebliebenes Backpulver in ein wenig Wasser in der Bratpfanne auf um sie anschließend blitzsauber zu machen.

WAS MAN NICHT TUN SOLLTE

- Noch mehr Politur auf Fußböden oder Möbel auftragen, nur weil Sie den Geruch mögen und Sie sich dabei tugendhaft vorkommen. Die Oberfläche wird nur schneller noch mehr Schmutz anziehen und zu einer harten Schmiere werden. Polieren mit einem weichen Tuch genügt vollkommen.

- Auf einen Stuhl klettern, der auf einem Tisch steht, um ein Leuchtmittel zu wechseln. Warten Sie, bis Sie einen willigen Helfer gefunden haben, der zumindest den Stuhl festhält – oder der eine stabile Trittleiter holt.

5

FLECKEN AUF DIE PELLE RÜCKEN

Die beste Methode, um Flecken ein Schnippchen zu schlagen, ist natürlich, niemals etwas zu verschütten. Aber versuchen Sie mal, das jemandem zu erzählen, der mit ausladender Geste gerade eine Flasche Clairet umgeworfen hat, dessen Hündchen gerade auf den neuen Läufer gepinkelt hat oder dessen dokumentenechte Tinte sich langsam über den Eichentisch ausbreitet.

Dennoch gibt es Dinge, die Sie tun können, um Flecken vorzubeugen. Ein naheliegender Trick ist das Tragen einer Schürze oder eines Overalls beim Kochen, bei Malerarbeiten im Haus, beim Autowaschen, bei der Gartenarbeit, bei der Benutzung wischfester Markierstifte und Tinte – kurz, bei jeder Arbeit mit Verschmutzungsgefahr. Wenn Sie den Toner im Drucker wechseln und mit Tinten oder Farben hantieren, sollten Sie die Arbeitsfläche mit Zeitungen oder Küchenpapier auslegen, sodass Sie Verschüttetes einwickeln und entsorgen können. Polstermöbel und Teppiche können Sie schützen, indem Sie einen Gewebeschutz aufsprühen, der verhindert, dass Flecken absorbiert werden. Vergewissern Sie sich beim Öffnen von Flaschen und Gläsern aller Art, dass Sie es über einer glatten, abwischbaren Oberfläche tun und nicht über einem Teppich oder einem Tischtuch. Wenn Sie Make-up auftragen, nehmen Sie sich die Zeit, sich einen alten Schal über die Schultern zu legen, um keine Lidstrich- oder Lippenstiftspuren auf Ihrem besten Kleid zu hinterlassen. Benutzen Sie ein Versiegelungsmittel für Fußböden aus Beton, Stein, Linoleum, Holz und Kork, sodass sie nichts Verschüttetes aufsaugen können.

Trotz dieser Vorkehrungen passieren selbstverständlich Missgeschicke, und wenn etwas verschüttet wird, ist es wichtig, schnell zu handeln. Wenn Sie rasch reagieren, haben Sie gute Chancen, das Ausgekippte und den Fleck vollständig zu entfernen. Warten Sie jedoch bis zum nächsten Tag, wird es eingesickert und angetrocknet sein und sich endgültig festgesetzt haben. Aber schnelles Handeln heißt nicht, panisch mit dem Bleichmittel oder Schrubber herumzufuchteln und den Fleck nie wieder wegzubekommen. Moderne Chemikalien, wissenschaftliche Erkenntnisse auf dem neuesten Stand und eine schützende Gewebebehandlung haben die Fleckenentfernung im 21. Jahrhundert leichter gemacht, aber gleichzeitig haben moderne Fasern und deren Kombinationen es verkompliziert, daher müssen Sie Ihre Flecken gut kennen und Ihre Gewebe verstehen.

Da Sie schnell handeln müssen, ist es sinnvoll, eine Grundausstattung für die Fleckenentfernung griffbe-

reit zu haben. Darin enthalten sein sollten Papiertücher (Ihre Küchenpapierrolle eignet sich am besten), ein kleiner Schwamm, Wattebäusche, eine Laborpipette für starke Lösungsmittel, eine Spritzflasche mit einer Feinsprühdüse für kaltes Wasser (oder Reinigungsmischungen), eine Wildlederbürste, falls Sie Wildlederschuhe haben, eine Kleiderbürste, eine weiche Schuhbürste, Ihre Auswahl an Lösungen und Bleichmitteln, weißer Essig und Zitronen. Ein paar dieser Dinge benutzen Sie ohnehin täglich in Ihrem Haus. Die starken Lösungsmittel sollten in einem verschlossenen Schrank aufbewahrt werden, unerreichbar für Kinder.

Wie Sie einem Fleck zu Leibe rücken, hängt davon ab, woraus der Fleck besteht und auch davon, auf welchem Material er sich befindet. Kleidung und andere Textilien sollten ein Etikett haben, das die verwendeten Fasern angibt (z. B. »100 Prozent Baumwolle« oder »75 Prozent Baumwolle/25 Prozent Polyester«), was bei der Entscheidung hilft, welchen Fleckenentferner man benutzen will. Wenn Sie eine Kollektion Secondhandkleider haben, ist die Wahrscheinlichkeit groß, dass sie zu alt sind, um noch ein Etikett zu haben, da-

her müssen Sie Ihren gesunden Menschenverstand bemühen. Verschüttungen auf glatten Oberflächen, Läufern oder Polstermöbeln sollten sofort mit Salz oder
Küchenpapier aufgesaugt werden. Obwohl Sie schnell
auf Flecken reagieren müssen, ist auf jeden Fall, wie
bei allen Reinigungsarbeiten, Geduld geboten. Sie ist
der Schlüssel zum Erfolg. Machen Sie sich keinesfalls
panisch mit der Nagelbürste an den Fleck heran. Ge-
ringe, sanfte und wiederholte Aktionen bringen viel
bessere Resultate hervor.

Setzen Sie Ihre Prioritäten

Es gibt sechs grundlegende Techniken, mit Flecken
umzugehen, und jede einzelne ist für bestimmte Fle-
ckenarten und bestimmte Materialien geeignet. Aber
zunächst gibt es ein paar elementare Regeln, die Sie
kennen sollten.

*Entfernen Sie alle festen Substanzen (wenn beispiels-
weise jemand sehr krank gewesen ist oder das Bettzeug beschmutzt hat), indem Sie so viel vom zähflüs-
sigen Zeug beseitigen wie möglich.* Ein großes
stumpfes Messer oder ein Spachtel eignen sich gut da-

für, zusammen mit einer Schüssel warmen Wassers und einem Desinfektionsmittel. Arbeiten Sie sich von den Rändern zur Mitte vor, um den Fleck nicht zu vergrößern. Halten Sie das Messer flach, sodass Sie das Verschüttete problemlos aufnehmen können, und falls das Zeug fest geworden sein sollte, könnte es hilfreich sein, es mit einer Bürste mit kurzen Borsten abzuklopfen.

Wenden Sie auf keinen Fäll Wärme in irgendeiner Form an, wenn Sie zuerst einen Fleck in Angriff nehmen. Spülen Sie zum Beispiel das Kleidungsstück nicht in heißem Wasser. Viele Essensflecke enthalten Albumin oder ein ähnliches Protein, das durch Wärme fixiert wird. Wenn Sie daher Wärme anwenden, bekommen Sie die Flecken nie wieder heraus und sorgen womöglich noch für ihre Ausbreitung. Ein professioneller Reiniger erzählte mir: »Ständig ertappe ich Leute, die sagen: ›Ich habe Ei auf diesen Schafsfellmantel gekleckert, aber ich habe den Fleck nicht angerührt – ich habe ihn lediglich ein bisschen über den Kessel gehalten‹. Ohne es zu bemerken, haben sie das Leder zum Schrumpfen gebracht, das Ei eingekocht und so die Entfernung des Fleckens unmöglich gemacht«.

Überprüfen Sie die *Wirkung eines jeden Fleckenentferners, den Sie verwenden wollen, an einer unauffälligen Stelle eines Kleidungsstücks* – der Innensaum ist zum Beispiel ein guter Ort oder die Naht. Das gilt insbesondere für wertvolle oder gefärbte Stoffe, oder wenn Sie nicht sicher sind, aus welchen Fasern das Stück besteht. Manche Behandlungen schädigen eine der Fasern in der Kombination, während eines Tages der Farbstoff ausgehen oder verblassen könnte.

Versuchen Sie nicht, die Spuren äußerst hartnäckiger Flecken mit aller Gewalt zu beseitigen. Oftmals ist es besser, das Kleidungsstück mit dem Schatten eines noch vorhandenen Fleckens zu tragen, als zu riskieren, das Gewebe vollkommen zu ruinieren, indem Sie zu viel Lösungsmittel auftragen oder zu stark reiben. Sie können dann immer noch einen Schal oder ein Halstuch tragen, das Sie nonchalant über Ihre Schulter werfen, um die Stelle zu verbergen.

Sechs grundlegende Techniken

Es gibt sechs grundlegende Techniken, um Flecken von Kleidern, Textilien und Möbeln zu entfernen: in Wasser waschen, aufsaugen, Lösungsmittel einsetzen, bleichen, schmieren und einfrieren. Diese Techniken sind Ihr unentbehrliches Arsenal, und das Wissen, wie man sie einsetzt und welches Mittel sich wofür eignet, ist Ihre wichtigste Waffe.

1. **In Wasser waschen**: Unterschätzen Sie niemals den Wert von Wasser bei der Beseitigung von Flecken. Nicht fettige Flecken auf waschechten Geweben sollten unverzüglich mit kaltem Wasser gespült werden. Kaltes Wasser ist ausgezeichnet, um Blut- und Urinflecken zu beseitigen. Nicht abwaschbare Stoffe können Sie immer noch behandeln, indem Sie nur die fleckige Stelle ganz vorsichtig mit Wattebäuschen oder sauberen Papiertüchern abtupfen, die Sie in kaltem Wasser ausgedrückt haben. Verzichten Sie auf Reiben, Verdrehen oder Wringen, drücken Sie nur ganz vorsichtig und verwenden Sie hin und wieder dabei einen neuen sauberen Wattebausch oder ein frisches Papiertuch. Verwenden Sie auf gefärbter Wildseide, Moiré oder auf einem Stoff, der ein Wasserzeichen aufweist, überhaupt kein Wasser. Bringen Sie solche Gewebe in eine che-

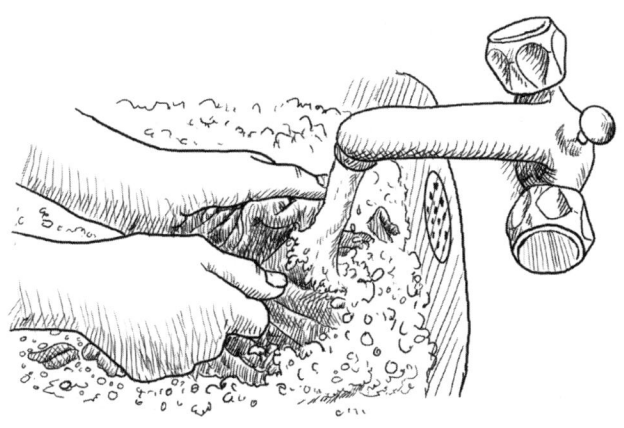

mische Reinigung und erklären Sie, was Sie verschüttet haben. Textilien sind generell schwächer,
wenn sie feucht sind, also behandeln Sie sie sorgfältig. Fettflecke auf Stoffen können behandelt werden, indem man Waschmittel ins Wasser gibt. Tatsächlich können Sie auf robustem Stoff wie zum
Beispiel Baumwolle unverdünntes Spülmittel geben, das sie mit einer sehr weichen Zahnbürste
sorgfältig in den Fadenlauf des Gewebes reiben. Sie
können ein ganzes Kleidungsstück in kaltem Wasser und Waschmittel einweichen und ein paar Stunden ruhen lassen, bevor Sie es ausspülen. Anschließend können Sie es ganz normal waschen.

2. **Aufsaugen**: Auf Teppichen oder Geweben verschüttete Flüssigkeiten wie Wein, Fruchtsäfte und Urin lassen sich häufig vollständig aufsaugen, ohne dass Sie dabei reiben oder schrubben müssen. Man kann diese Methode auch für fettige Partikel anwenden, die sich in Fell oder anderen nicht waschbaren Geweben festgesetzt haben. Es gibt unterschiedliche geeignete Absorptionsmittel. So saugt beispielswiese Salz Wein- und Fruchtsaftflecken von Teppichen auf. Seien Sie großzügig bei der Bemessung des Salzes, da genügend davon eingesetzt werden muss, um die Menge aufzusaugen, die verschüttet wurde. Am besten holt man schnell das Salz, bedeckt den Flecken großzügig damit und lässt es über Nacht ruhen. Auf einer Party kann das zwar nerven, aber es sorgt auch für Gesprächsstoff.

Kein Salz da? Versuchen Sie es mit Küchenpapier, drücken Sie es behutsam in den Fleck und benutzen Sie häufig ein neues Blatt. Bei wertvollen Teppichen ist es besser, Küchenpapier statt Salz zu benutzen, da die Farben vom Salz angegriffen werden können. Gute Absorptionsmittel für nicht abwaschbare Gewebe, die in Zeiten benutzt wurden, als die »Trockenreinigung« noch nicht erfunden war, sind die wirksame Kleie, Bleicherde (eine leichte Tonerde, die geringfügig basisch ist) und Talkum. Schütten Sie das Absorptionsmittel sorgfältig auf das zu reinigende Gewebe. Lassen Sie es etwa zwölf Stunden lang einwirken und bürsten Sie es dann vorsichtig, aber gründlich aus. Sie müssen genauso viel von dem Mittel entfernen wie vom Verschütteten, sonst wird es selbst Schmutz anziehen.

3. **Schmieren**: Das ist eine wirklich nützliche Technik, um tückische Gegenstände zu entfernen wie zum Beispiel Kaugummi aus dem langen Haar Ihrer Tochter und Grasflecken aus Tennishosen, Teer oder Maschinenöl. Brauchbare Schmiermittel sind Glyzerin, Vaseline, Schmalz (Speck) und Margarine. Reiben Sie diese Mittel auf die Substanz, arbeiten Sie sie gut mit Ihren Fingern ein und waschen Sie sie anschließend aus. Was den Kaugummi im Haar betrifft: Streichen Sie ihn die Haarsträhnen hinab, bis Sie ihn an den Haarspitzen herausziehen können.

4. **Lösungsmittel**: Es gibt ein paar Lösungsmittel wie zum Beispiel Brennspiritus und Terpentinersatz, die

Fett lösen und auch diese hartnäckigen kleinen Etiketten beseitigen, die häufig auf Konservengläsern kleben und die so schwer zu entfernen sind. Außerdem sind einige gute Fleckenentferner erhältlich, Markenartikel, die meistens ähnliche Lösungsmittel enthalten. Wenn Sie Brennspiritus, Terpentinersatz oder andere unverdünnte Lösungsmittel verwenden, tupfen und klecksen Sie sie in rascher Abfolge auf Gewebe, das nicht allzu feucht werden sollte wie zum Beispiel Wildleder oder Wolle (die übrigens nie gerieben werden sollten, weil sie sonst schrumpfen). Wenn Sie einen Markenartikel benutzen, folgen Sie den Anweisungen des Herstellers. Viele Lösemittel sind brennbar und/oder giftig, also seien sie sorgfältig und setzen Sie Ihren gesunden Menschenverstand ein. Öffnen Sie ein Fenster und sorgen Sie dafür, das Sie nicht in der Nähe einer offenen Flamme damit hantieren. Zu den milderen Lösungsmitteln gehören Essig und Zitronensaft. Zur Reinigung von Weißwäsche sollten Sie natürlich weißen Essig benutzen oder Sie müssten nach der Fleckenentfernung auch noch die Verfärbung durch den Essig beseitigen.

5. Bleichen: Zu Hause lassen sich wesentlich mehr Bleichmittel anwenden als die Chlorbleichen, die man normalerweise im Bad einsetzt. *Wasserstoffperoxid* ist eine ungefährliche und milde Bleiche, die nur aus Sauerstoff und Wasser besteht. Es ist in Drogerien erhältlich (normalerweise als Mundwasser oder als mildes oxidierendes Desinfektionsmittel, woraus Sie schließen können, wie schwach es ist). Außerdem ist es ein nützliches Bleichmittel für die Fleckenentfernung. Auch *Zitronen* haben eine milde Bleicheigenschaft und sind es wert, ausprobiert zu werden, vor allem wenn Sie kein allzu starkes Mittel benutzen wollen. Chlorbleiche ist eine eher scharfe Form von Bleiche, die sich nicht zur Entfernung von Flecken zu Hause empfiehlt, aber *Percarbonat* oder *Sauerstoffbleiche* wird verwendet, um Wäsche aufzuhellen und um bestimmte Flecken wirksam zu entfernen. Darin kann Natriumpercarbonat oder Wasserstoffperoxid enthalten sein. Diese Art von Bleiche ist Bestandteil vieler Waschmittel, und ihre Anwendung ist für die meisten weißen und gefärbten waschechten Gewebe ungefährlich. Sie wirkt langsamer als Chlorbleiche und schadet den Fasern nicht so sehr. Sie ist entweder als Pulver oder als Flüssigkeit erhältlich. Im Lauf der Zeit löst sich die aktive Chemikalie in wasserfreies Natriumkarbonat (Soda) oder Borax auf, das umweltfreundlich ist. Lösungen mit Sauerstoffbleiche funktionieren gut, um Flecken von Teppichen und Polstermöbeln zu entfernen. Folgen Sie den Anweisungen auf der Packung, wenn es um die Stärke der Lösungen geht. Mischen Sie sich eine Lösung zurecht und verteilen Sie sie auf der befleckten Stelle. Versuchen Sie dabei, die Oberfläche nicht zu feucht werden zu lassen. Lassen Sie die Lösung mindestens eine halbe Stunde lang einwirken und tupfen Sie den übriggebliebenen Fleck mit weißem Küchenpapier ab. Wiederholen Sie den Vorgang, falls nötig. Es ist besser, einige Male eine schwache Lösung zu verwenden, als den Fleck mit einer stärkeren Lösung auf einen Schlag zu entfernen. Wenn Sie fertig sind, spülen Sie das Kleidungsstück in kaltem Wasser aus, sonst kann es passieren, dass ein weißer, pulvriger Rückstand übrig bleibt.

6. **Einfrieren:** Es gibt da noch ein paar Gegenstände wie Kaugummi, Schokolade und Kerzenwachs, die

härten, wenn sie trocken sind und die man einfrieren und dann in Stücke zerbrechen kann. Danach müssen Sie vermutlich ein Lösungsmittel oder einen Waschgang bemühen, um Farbrückstände loszuwerden.

Sicherheit geht vor

Viele Lösungsmittel zur Fleckenentfernung sind ätzend, giftig, entflammbar und geben giftige Dämpfe ab. Lesen Sie bitte die Anweisungen des Herstellers, auch wenn die Schrift winzig klein ist, und befolgen Sie sie dann. Bewahren Sie all diese eindeutig etikettierten Mittel, für Kinder unzugänglich, in einem Schrank auf (und schütten Sie sie nicht in andere Behälter). Arbeiten Sie in einem gut durchlüfteten Zimmer, vorzugsweise bei geöffnetem Fenster und fern jeder offenen Flamme.

Mischen Sie nie eine Art von Reiniger mit einem anderen, sofern nicht angegeben. Anderenfalls riskieren Sie eine Explosion in Ihrer Wohnung. Benutzen Sie nicht Ammoniak zusammen mit Chlorbleiche, weil sie zusammen einen gefährlichen giftigen Dampf erzeugen.

Kenne deinen Feind

Ein Fleck kann aus mehreren Substanzen bestehen. So ist zum Beispiel Bratensoße nicht nur fettig, sondern besteht auch aus Blut und Färbemittel. Vielleicht müssen Sie sie zuerst mit kaltem Wasser ausspülen, um das Blut herauszubekommen, sie anschließend mit einem Reinigungsmittel gegen Fett behandeln und zum Schluss ein Lösungsmittel einsetzen, falls das Reinigungsmittel nicht gegen die Verfärbung ankommt. Wenn der Stoff weiß ist, werden Sie die Aktion womöglich mit einem milden Bleichmittel beenden. Bei empfindlichen Fasern könnten Sie versuchen, ein mildes Bleichmittel wie zum Beispiel Zitronensaft zu verwenden (siehe Seite 207). Dasselbe trifft auf geweißten Kaffee zu. Solche Flecken enthalten Farbe vom Kaffee, die nach einem Waschmittel verlangt, und Fett von der Milch oder Sahne, für das ein Lösungsmittel benötigt wird.

Bestimmte Gewebe und bestimmte Flecken sollten am besten von einem Profi behandelt werden. So kann beispielsweise alles, was historisch bedeutsam ist – etwa alte Tapeten und Läufer oder besonders feine oder wertvolle Stoffe wie Seide, Wolle, Moiré und Chiffon – schnell ruiniert werden, wenn es falsch behandelt wird.

Manchmal bleiben pulvrige Teilchen zwischen den Fasern hängen, nachdem sich der Rest des Flecks aufgelöst hat und weggespült wurde. Man ist dann versucht, es mit einem Fingernagel wegzukratzen, bevor man zur Arbeit eilt. Lassen Sie sich die Zeit, einen unverdünnten flüssigen Reiniger aufzutragen und den Stoff sanft zwischen den Fingern zu bearbeiten. Die Teilchen bleiben in der Reinigungsflüssigkeit hängen, die dann mit Wasser weggewaschen werden kann, und

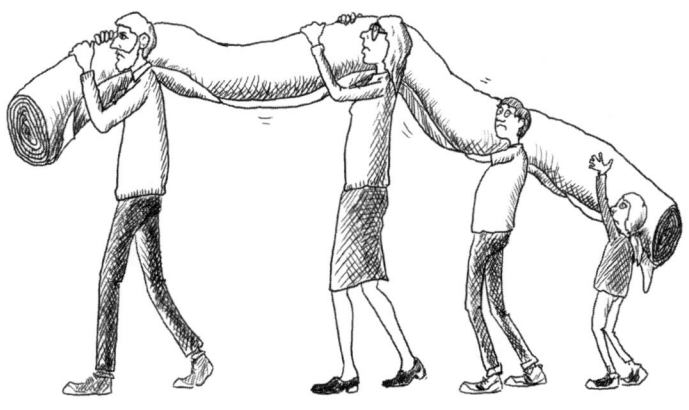

mit ihr die Teilchen. Dafür brauchen Sie allerdings Geduld, da Sie drei- bis viermal Spülen müssen, um die ganze Flüssigkeit und die Teilchen loszuwerden.

Zur Erinnerung: Nehmen Sie sich Zeit, wechseln Sie nicht die Methode, bevor Sie der ersten eine Chance gegeben haben.

Behandlung der häufigsten Flecken

Schokolade

Vielleicht sind Sie ein angehender Chocolatier und verkleben Ihr Hemd versehentlich mit flüssiger Schokolade aus der Kasserolle, oder Sie nehmen auf einer Schachtel Pralinen Platz, die zwischen den Sofakissen versteckt lag. Wenn die Schokolade angetrocknet ist, können Sie die Gefriertechnik anwenden. Entweder Sie stecken das ganze Kleidungsstück in die Gefriertruhe, bis es spröde geworden ist und brechen die Schokoladestückchen ab. Ansonsten nehmen Sie einen mit Eiswürfeln gefüllten Beutel und reiben damit über die Schokolade, bis sie ausreichend gefroren ist, um sie abbrechen zu können. Jedenfalls sollten Sie das Problem wie Blut behandeln – ziehen Sie das Kleidungsstück aus und spülen Sie es unter fließend kaltem Wasser aus oder weichen Sie es in einem biologischen Reinigungsmittel ein. Anschließend waschen Sie es wie üblich. Sollte das Gewebe nicht waschecht sein, verwenden Sie einen kommerziellen Fleckenentferner. Flüssige Schokolade oder Fleckenreste lassen sich gut mit einer Lösung aus einem Esslöffel Borax und einem halben Liter Wasser per Schwamm entfernen. Oder Sie verwenden einen speziellen Fleckenentferner für Polstermöbel. In den Teppich getretene Schokoladenstückchen sollten mit einem stumpfen Messer entfernt und dann mit einem Teppichfleckenentferner behandelt werden. Sollten Fleckenreste übrig bleiben, reiben Sie eine Mischung aus gleichen Teilen Glyzerin und warmem Wasser ein. Lassen Sie es eine oder zwei Stunden einwirken und tupfen Sie dann die Stellen mit sauberem Wasser ab und saugen Sie das Ganze wiederholt mit sauberen Tüchern auf.

Schimmel

Der unangenehme graue oder schwarze Schimmel liebt Feuchtigkeit, Wärme und Dunkelheit, deshalb ist es nicht verwunderlich, dass man ihm häufig im Badezimmer begegnet. Er setzt sich in der Duschkabine fest

oder in den Ritzen zwischen Badewanne oder Wasser-
becken und Wand. Daher ist es natürlich eine gute
Idee, feuchte Oberflächen so oft wie möglich abzuwischen und durch das Öffnen der Türen und Fenster sowie den Betrieb eines Ventilators frische Luft zirkulie-
ren zu lassen. Schimmel von Duschvorhängen
entfernen Sie am besten, indem Sie sie zusammen mit
ein paar Badetüchern mit einem Schonprogramm der
Waschmaschine waschen. Was die Ritzen und Lücken
im Bad betrifft, mischen Sie eine Lösung Chlorbleiche
nach Anweisung des Herstellers (tragen Sie dabei
Gummihandschuhe und eine Schürze) und reiben Sie
mithilfe einer alten Zahnbürste kleine Schimmelstellen
damit ein – eine nach der anderen. Anschließend spülen Sie sie ab und lassen Sie alles trocknen. Und wenn
Sie dies in Zukunft vermeiden möchten, beauftragen
Sie jemanden, der die Ritzen neu versiegelt. Schimmel
kann sich auch an Gegenständen festsetzen, die in
einem warmen, feuchten Schrank liegen gelassen wurden. Sollte das passiert sein, ist der muffige Geruch
ziemlich unangenehm, aber solche Dinge kann man
normalerweise mit einem heißen Programm waschen.
Bei schimmligem Leder hilft ein einfaches Überwi-

schen mit unverdünntem, keimtötendem Mundwasser und anschließendes Trockenreiben.

Alkohol

Hier sind nicht Getränke gemeint. Auch Arzneien, Hautlotionen und Parfüme können Alkohol enthalten, der viele Oberflächen angreifen kann. Wenn Sie also so etwas verschütten, sollten Sie es sofort behandeln. Als ich einmal Rotwein auf einer neuen Seidenbluse verschüttete, brachte ich sie gleich am nächsten Tag in die chemische Reinigung, aber der Alkohol hatte bereits die Farbe verändert. Ich hätte die Bluse sofort an Ort und Stelle ausziehen und sie unter fließend kaltem Wasser spülen müssen. Man könnte sie auch ein paar Stunden lang in einer Reinigungslösung einweichen, bevor man wie gewohnt wäscht. Fleckenreste können mit einer Peroxidlösung behandelt werden (ein Teil Wasserstoffperoxid auf sechs Teile Wasser).

Rote Bete

Dieses köstliche Gemüse hinterlässt wirklich hartnäckige Spuren. Spülen Sie das Gewebe in kaltem Wasser aus oder weichen sie es über Nacht ein. Versuchen Sie, unverdünntes Spülmittel in den Fleck zu reiben und spülen sie es dann aus. Wenn Sie all dies versucht haben und es bleibt immer noch ein Fleckenrest, streuen Sie ein wenig Borax auf den befeuchteten Flecken und begießen Sie ihn mit sehr heißem Wasser.

Bratensoße und andere Soßen

Heben Sie feste Ablagerungen mit einem Messerrücken ab. Spülen Sie unter fließend kaltem Wasser so viel aus, wie Sie können, und benutzen Sie dann ein Lösungsmittel oder einen kommerziellen Fleckenentferner, um das Fett zu behandeln und waschen Sie das Stück wie üblich (vielleicht stellen Sie fest, dass ein guter Waschgang mit einem Spritzer Wäschefleckenentferner den Zweck erfüllt, ohne dass ein Lösungsmittel eingesetzt werden muss). Falls der Fleck angetrocknet ist, weichen Sie ihn mindestens eine halbe Stunde lang in einer biologischen Reinigungsmittellösung ein, bevor Sie die Kleidung in die Waschmaschine tun. Nicht waschechte Gewebe sollte man behutsam mit kaltem Wasser und Schwamm behandeln und dabei die Methode des Abtupfens und Aufsaugens anwenden. Vergewissern Sie sich, den Stoff nicht allzu klamm werden zu lassen. Sollte es nötig sein, tragen Sie einen Fleckenentferner auf.

Vogelkot

Wenn Sie eine Wäscheleine unter freiem Himmel haben, ist es das Schlimmste überhaupt, wenn ein Vogel mit Kirschsaft durchsetzte Kügelchen auf Ihre sauberen Betttücher fallen lässt. Entfernen Sie den Klecks mit einem stumpfen Messer und weichen Sie dann das Wäschestück in einer warmen biologischen Waschmittellösung ein, bevor Sie es erneut waschen. Falls das Stück nicht waschecht ist, wenden Sie die Tupf- und Saugmethode mit weißem Essig und einem sauberen Papiertuch an.

Wenn der Vogelkot Beeren enthalten sollte (Tauben sind in dieser Hinsicht besonders auffällig), bleichen Sie mit einer Lösung im Verhältnis von einem Teil Wasserstoffperoxid zu sechs Teilen Wasser.

Kaugummi

Der einzige mir bekannte Ort, der nicht unter Kaugummiklumpen auf den Fußwegen leidet, ist Singapur. Dort gilt das Deponieren von Kaugummi auf den Boden als strafwürdiges Vergehen. Zu Hause kann er jedoch in das Haar eines Kindes geraten oder in den Teppich getreten werden, sodass man sich tatsächlich bemühen muss, ihn wieder loszuwerden. Sie können ein Spray mit Spezialrezeptur gegen Kaugummi kaufen oder Entferner für »klebriges Zeug«, das Ihnen hilft, mit Kaugummi auf Kleidung, Läufern und Teppichen umzugehen. Folgen Sie den Anweisungen des Herstellers. Ansonsten versuchen Sie, das ganze Kleidungsstück in die Gefriertruhe zu stecken und, sobald es spröde geworden ist, den Kaugummi in Stücke zu brechen. Falls sich der Kaugummi im Haar einer Person verfangen hat, schmieren Sie ihn mit Margarine oder Glyzerin ein und lassen Sie ihn zwischen den Fingern herausgleiten.

Nagellack

Saugen Sie möglichst viel mit Papiertüchern auf, bevor er trocknet. Tupfen und saugen Sie ihn anschließend

mit Azeton oder Essigsäureamylester (Amylacetat) auf, aber nicht mit ölhaltigem Nagellackentferner. Ein Warnhinweis: Azeton schädigt Acetat- oder Triacetatgewebe, daher sollten Sie das Kleidungsstück zuvor darauf überprüfen.

Urin

Egal, ob es sich um menschlichen Urin handelt oder um Urin von Haustieren: Sobald er zu lange unbehandelt bleibt, werden Fleck und Geruch nur noch schwer zu beseitigen sein. Sollten Sie Zeuge des Malheurs werden, spülen Sie die Stelle sofort mit kaltem Wasser aus, weichen Sie sie ein paar Stunden in kaltem Wasser oder in einem biologischen Reinigungsmittel ein, bevor sie den üblichen Waschgang einschalten. Getrocknete Flecken sollten in einer biologischen Reinigungslösung eingeweicht werden. Oder Sie benutzen einen kommerziellen Fleckenentferner mit Spezialrezeptur. Falls der Stoff nicht waschecht ist, tränken Sie sofort einen Schwamm mit kaltem Wasser und saugen Sie alles auf. Anschließend behandeln Sie das Gewebe mit Schwamm und einer Essiglösung (ein Esslöffel weißer Essig auf 250 Milliliter Wasser). Ist ein Teppich in Mitleidenschaft gezogen worden, spritzen Sie Natron aus einer Siphonflasche auf die Stelle oder verwenden Sie einen Schwamm mit kaltem Wasser und saugen sie alles gut auf. Benutzen Sie anschließend einen Teppichreiniger und wenden Sie zum Schluss mit kaltem Wasser, das ein paar Tropfen eines keimtötenden Mittels enthält, die Abtupf- und Aufsaugmethode an. Sollte der Fleck einen Fußboden aus Kork, Linoleum oder Vinyl verfärbt haben, stellen Sie eine Lösung aus zwei Esslöffeln Essig und einem halben Liter Wasser her, fügen Sie ein paar Tropfen eines flüssigen Reinigungsmittels hinzu und schrubben Sie dies mit einer Bürste aus weichen Borsten in den Fußboden, bevor Sie mit sauberem

Wasser nachspülen. Es gibt keine Garantie dafür, dass es funktioniert, wenn der Urin schon eine gewisse Zeit hatte einzuwirken – zum Beispiel unter einem Läufer – aber ich habe es einmal mit einer Lache aus Zitronensaft auf dem Urinflecken eines Hundes, der sich in den blassfarbenen Vinylboden gefressen hatte, versucht. Nach zwei Stunden war der Fleck weitgehend verschwunden.

Senf

Obwohl Senf eine leuchtend gelbe Farbe haben kann, lässt er sich viel leichter behandeln als zum Beispiel Kurkuma. Schaben Sie die Masse mit einem Messerrücken ab. Reiben Sie anschließend ein Reinigungsmittel in den Fleck oder weichen Sie die Stelle ein paar Stunden lang in einer Reinigungslösung ein. Behandeln Sie waschechte Stoffe nicht mit einem kommerziellen Fleckenentferner.

Lebertran

Frische Flecken von Lebertran – das mit seinen Omega-3-Fettsäuren Ihnen so gut tut – lassen sich leicht entfernen. Die Entfernung alter Flecken hingegen ist so gut wie unmöglich, nicht einmal mit Bleiche. Deshalb sollten Sie Lebertran entweder als Kapseln zu sich nehmen oder auf einem gekachelten Fußboden stehen, wenn Sie ihn auf einen Löffel träufeln. Wenn Sie ihn selbst verschütten oder das Malheur beobachten, saugen Sie sofort so viel wie möglich mit einem Papiertuch auf und tragen sie auf den Rest ein Lösungsmittel auf. Babykleidung sollte mit einem Schwamm und einer starken Lösung eines Spülmittels behandelt, gespült und dann wie üblich gewaschen werden. Falls die Flecken eingetrocknet sind, versuchen Sie es mit Brennspiritus oder einem kommerziellen Fleckenentferner. Wenn Teppiche betroffen sind, verwenden Sie einen Teppichfleckenentferner.

Farbe

Farbe sollte wie die meisten Verschüttungen behandelt werden, wenn sie noch feucht ist, weil sonst die Wahrscheinlichkeit überwiegt, dass Sie sie nicht mehr loswerden. Unterschiedliche Farben erfordern andere Maßnahmen. Also stellen Sie fest, worum es sich handelt, bevor Sie zur Tat schreiten. *Farben auf Wasserbasis* einschließlich Emulsionen, Acrylfarben und Ölfarben auf Wasserbasis, lassen sich unter fließend kaltem Wasser spülen, so lange sie noch feucht sind. Reiben Sie anschließend ein Reinigungsmittel in den Fleck ein und lassen Sie es ein paar Stunden lang einwirken, bevor Sie es wie üblich waschen. Eventuelle Farbreste kann man mit einem Markenfleckenentferner oder mit einer Lösung aus einem Teil Brennspiritus und sechs Teilen Wasser abtupfen und aufsaugen.

Ölfarben, einschließlich Lackfarbe und Grundierung, sollte man mit Terpentinersatz oder Pinselreiniger abtupfen und anschließen mit einem Schwamm und kaltem Wasser behandeln. Bei Teppichen und Polstermöbeln saugen Sie möglichst viel und schnell mit Küchenpapier auf und verwenden Sie dann einen Teppichfleckenentferner oder einem Fleckenentferner für Polstermöbel.

Erdöl, Teer, Bitumen, Pech

Das ist keine gute Nachricht. All diese Dinge finden Sie an Stränden während der Sommerferien vor, oder auf einer Straße, die einen neuen Belag erhält. Diese Substanzen können sehr anhänglich sein. Sollten Sie auf Schuhe gelangen, geraten sie überraschend schnell auch auf die Hose. Manche Strandläden verkaufen inzwischen ein Reinigungsprodukt, hergestellt aus einem Lösemittel und einem Reinigungsmittel, das in vielen Fällen zu funktionieren scheint.

Sollten Sie damit scheitern, können Sie als erstes versuchen, so viel wie möglich von der festen Substanz abzukratzen, indem Sie sie zunächst mit einem Markenlösemittel aufweichen. Danach reiben Sie ein farbloses Fett wie Schmalz, Vaseline oder eine sirupähnliche Substanz wie Glyzerin in den Stoff. Danach sollten sowohl Teer als auch Fett mithilfe eines starken Reinigungsmittels in der Waschmaschine ausgewaschen werden. Häufig bleibt ein grauer Restfleck zurück, den Sie erneut mit einem Lösemittel behandeln oder mit Wasserstoffperoxid oder Zitronensaft bleichen können.

Motoröl

Das ist sehr schwer zu entfernen, wie Sie selbst entdeckt haben werden, falls Sie je mit dem Motor Ihres Autos hantieren mussten. Reiben Sie zunächst ein unverdünntes flüssiges Reinigungsmittel in den Stoff, spülen Sie ihn in kaltem Wasser aus und behandeln Sie ihn dann mit einem kommerziellen Fleckenentferner. Wie immer ist es am besten, dies mehrere Male behutsam als einmal zu energisch zu tun, weil Sie sonst das Gewebe beschädigen können.

Fruchtsäfte

Dazu gehören Getränke mit Fruchtsaftanteilen sowie reine Fruchtsäfte. Halten Sie die Stelle unter fließend kaltes Wasser, warten Sie etwa zehn Minuten ab und spülen Sie den Fleck gründlich in kaltem Wasser aus. Waschen Sie den Stoff mit der höchst möglichen Temperatur, ansonsten wählen Sie ein kaltes Programm mit biologischem Waschmittel. Nicht waschechte Gewebe sollten mit einem Schwamm und kaltem Wasser behandelt und anschließend sollte das Ganze mit sauberen Papiertüchern aufgesaugt werden. Bleibt ein Restfleck übrig, schmieren Sie ihn mit gleichen Teilen Glycerin und Wasser, lassen Sie es eine Stunde einwirken und waschen Sie den Stoff dann wie üblich in der Maschine.

Für Seide, Nylon und Wolle benutzen Sie lieber einen kommerziellen Farb- oder Fleckenentferner statt Wasser.

Gras

Grasflecken sind normalerweise nur auf weißer Kleidung gut sichtbar. Wenn Sie ein Wimbledonspieler sind oder Gras auf ihre weiße Leinenhose bekommen, müssen Sie sich keine Sorgen machen. Reiben Sie lediglich ein wenig flüssiges Reinigungsmittel hinein und weichen Sie dann den Fleck etwa eine Stunde lang in kaltem Wasser ein. Waschen Sie anschließend das Kleidungsstück mit einem Wäschefleckenentferner wie gewohnt in der Waschmaschine. Bei Grasflecken auf Sport- und Tennisschuhen greifen Sie zur Aufsaugmethode mit Brennspiritus. Für nicht waschechte Kleidung können Sie einen kommerziellen Fleckenentferner kaufen, der eine Spezialrezeptur für Grasflecken hat.

Blut

Blut gehört zu den gefürchteten und unvermeidlichen Flecken, die man gelegentlich zu Hause in Angriff nehmen muss. Aber wenn Sie den Fleck erwischen, während er noch feucht ist, lässt er sich normalerweise vollständig auswaschen. Halten Sie ihn unter fließend kaltes Wasser oder weichen Sie ihn in kaltem Salzwasser ein. Sie dürfen jedoch kein heißes, ja nicht einmal warmes Wasser benutzen, was nämlich nur dazu beiträgt, dass sich der Fleck festsetzt. Waschen Sie anschließend wie gewohnt. Wenn das Blut getrocknet ist, bürsten Sie so viel wie möglich davon ab und weichen Sie den Stoff in der warmen Lösung eines biologischen Waschpulvers ein, oder versuchen Sie es mit einer Lösung aus einem Teil Wasserstoffperoxid und sechs Teilen Wasser.

Kerzenwachs

Das gelangt häufig bei Abendgesellschaften auf Tischtücher, aber manchmal auch auf Hemdmanschetten, wenn man eine angezündete Kerze mit zitternder Hand trägt. Da sollte man langsam vorgehen – lassen Sie das Wachs trocknen und erhärten, bevor Sie versuchen, es zu entfernen. Sollte in der Tiefkühltruhe genügend Platz sein, legen Sie den Gegenstand hinein, bis das Wachs hart genug geworden ist, um es in Stücke brechen zu können. Sollte Ihr Gefrierfach bereits prallvoll sein, versuchen Sie es stattdessen mit Hitze: Platzieren Sie den Stoff zwischen zwei Blättern Lösch- oder Küchenpapier und glätten Sie es mit einem warmen Bügeleisen. Wählen Sie die niedrigste Einstellung. Eventuelle Wachsreste sollten aufgelöst und mit einer Trockenreinigungslösung weggespült werden. Farbreste lassen sich mit Brennspiritus abtupfen und sollten danach ausgespült werden.

Fett

Fett gibt es in vielen Formen, von Butter, Margarine und verschiedenen Ölen bis zu Bestandteilen in Bratensoße, Mayonnaise, Eiskrem, Ketchup und Make-up. Entfernen Sie mithilfe eines Messerrückens so viel von der Ablagerung wie möglich. Waschen Sie den Stoff mit hoher Temperatur, falls er es erlaubt, und benutzen Sie ein Waschmittel, das Sauerstoffbleiche mit Natriumpercarbonat enthält.

Bei Fleckenresten versuchen Sie es mit einem professionellen Fleckenentferner, einem anderen Lösungsmittel oder mit einer Lösung aus einem Teil Wasserstoffperoxid und sechs Teilen Wasser.

Versuchen Sie bei Wolle, Seide und anderen nicht waschechten Stoffen den Fleck aufzusaugen, wenn er noch frisch ist. Benutzen Sie dafür Bleicherde oder Talkum, mit kaltem Wasser zu einer Paste verrührt.

Lassen Sie sie ungefähr eine Stunde lang trocknen und bürsten Sie sie dann vorsichtig aus. Manchmal lassen sich Fettspuren auf Wolle und Seide aufsaugen, indem man den Stoff zwischen zwei Papiertücher steckt und mit einem kalten Bügeleisen zusammendrückt.

Haarfärbemittel

Temporäre Haarfarben sollte man einfach in kaltem Wasser ausspülen können. Wenn es um permanente Haarfarben geht, müssen Sie ein wenig flüssiges Waschmittel in das verschüttete Haarfärbemittel geben und den Stoff anschließend wie üblich waschen. Es gibt keine Ausrede, wenn Sie es eintrocknen lassen. Da es ein Farbstoff ist, können Sie nicht erwarten, dass er einfach zu entfernen ist, sobald er getrocknet ist. Das gilt auch für Henna und andere pflanzliche Haarfärbemittel.

Klebstoffe

Es gibt viele verschiedene Kleber, und wenn Sie sie verkleckern oder die falschen Dinge zusammenkleben, ist für jedes Produkt eine andere Behandlung erforderlich. *Haushaltskleber* sowie *Kunststoffkleber für Modell-*

flugzeuge beruhen auf Cellulose und können mit Aceton entfernt werden (aber verwenden sie ihn nicht für Acetatstoffe). Einige Hersteller bieten ein Lösemittel für ihre Klebstoffe an. *Sekundenkleber* oder Superkleber (Cyanacrylate) werden durch Feuchtigkeit aktiviert und ebenfalls durch Feuchtigkeit unwirksam gemacht. Sollten Sie versehentlich Ihre Augenlider zusammengeklebt haben (diese Kleber werden rasend schnell wirksam), legen Sie ein feuchtes Tuch darüber, bis es nicht mehr klebt. Alles, was Sie brauchen, sind beruhigende Worte und Feuchtigkeit. *Epoxidkleber* bestehen aus einer Mischung von Klebstoff und Härtemittel. Sie lassen sich mit Brennspiritus entfernen, aber nur, bevor sie richtig hart werden. Wenn sie erst einmal hart geworden sind, kann nichts mehr rückgängig gemacht werden. *PVA* (Polyvinylacetat), auch bekannt unter der Bezeichnung Holzleim, Tischlerleim oder Schulkleber, lässt sich mit Brennspiritus abreiben. Gummiklebstoffe kommen im Kunsthandwerk zum Einsatz. Sie sind ziemlich dünnflüssig und laufen schnell über, aber unerwünschte Kleckse lassen sich entfernen, indem man sie in kaltem Wasser einweicht und behutsam reibt. Die Reste von klebrigen Etiketten und Klebebändern, die furchtbar hartnäckig sein können, lassen sich mit Brennspiritus entfernen.

Bier

Spülen Sie die Stelle gründlich mit weißem Essig und anschließend mit Wasser aus. Wenn das nichts genutzt hat, versuchen Sie es mit einem biologischen Reinigungsmittel. Wenn das Gewebe waschecht ist, waschen Sie es bei hoher Temperatur.

Tinten, verschiedene

Es gibt viele unterschiedliche Tinten. Manche sind leichter zu entfernen als andere. Wenn Sie Tinte für Kunstwerke benutzen, ist die Wahrscheinlichkeit groß, sie früher oder später einmal zu verschütten. Es gibt kommerzielle Fleckenentferner für Tinten, die es wert sind, einen festen Platz in Ihrer Fleckenentfernerkiste zu finden.

Und hier sind noch ein paar Ideen, die Sie ausprobieren können, aber seien Sie nicht zu optimistisch (und tragen sie lieber einen Künstlerarbeitskittel bei der Arbeit). Die erste Regel für alle Tinten lautet: Wenden Sie beim Entfernen keine Wärme an.

Kopierstift (Tintenstift)

Der lässt sich nicht leicht entfernen, aber in manchen Fällen ist es nicht unmöglich und auf jeden Fall einen Versuch wert. Versuchen Sie es nicht mit Wasser, das den Fleck nur ausweiten wird. Mischen Sie sich eine Lösung aus Haushaltsammoniak und Brennspiritus im Verhältnis 1:1 und wenden Sie mit einem weichen Tuch oder Schwamm die Tupf- und Saugmethode an. Seien Sie darauf gefasst, etwas Zeit damit zu verbringen. Fahren Sie behutsam und geduldig damit fort, bis der Fleck schwächer wird (sollten Sie besorgt über die verlaufenden Farben sein, dann nehmen Sie den Brennspiritus allein zu Hilfe). Reiben Sie anschließend ein Reinigungsmittel ein oder weichen Sie die Stelle möglichst über Nacht in Reinigungslösung ein und waschen Sie den Stoff dann wie üblich. Sollte sich der Fleck hartnäckig halten, behandeln Sie ihn mit einer Lösung aus einem Teil Wasserstoffperoxid und sechs Teilen Wasser und spülen Sie gründlich. Zu diesem Zeitpunkt haben Sie den Fleck entweder entfernt oder Sie können genauso gut aufgeben. Falls der Stoff empfindlich oder wertvoll ist, bringen Sie ihn lieber in die chemische Reinigung. Manche Leute schwören darauf, den Fleck über Nacht in Milch einzuweichen. Ich habe das noch nicht ausprobiert, aber vermutlich ist es einen Versuch wert. Benutzen Sie anschließend einen Wäschefleckenentferner, um eventuelle Fettrückstände von der Milch zu beseitigen.

Kugelschreiber

Das ist nicht die Katastrophe, wie man manchmal befürchtet. Die meisten Kugelschreibertinten sind in Brennspiritus löslich und lassen sich entfernen, wenn man sie wiederholt mit Brennspiritus abtupft. An Wänden versuchen Sie es mit einer weichen Nagelbürste, aber bitte behutsam.

Filzstift

Verzweifeln Sie nicht, Sie bekommen die Tinte wahrscheinlich wieder raus. Vielleicht sollten Sie den Hersteller kontaktieren, der womöglich einen speziellen Fleckenentferner produziert hat oder empfehlen kann. Ansonsten schmieren Sie den Fleck mit Seife oder Glyzerin ein und lassen ihn ungefähr eine Stunde lang einwirken. Danach gründlich spülen und wie gewohnt waschen. Bei nicht waschechten Geweben sollte man mit einem kommerziellen Fleckenentferner oder mit Brennspiritus abtupfen und aufsaugen.

Kaffee und Tee

Unverzüglich unter fließend kaltem Wasser ausspülen. Schwarzer Kaffee und Tee werden vermutlich auf Einweichen in handwarmer Waschpulverlösung, gefolgt von einer guten Spülung und einer normalen Wäsche, wie gewünscht reagieren. Eventuelle Restflecken können mit einer Lösung aus einem Teil Wasserstoffper-

oxid und sechs Teilen Wasser in Angriff genommen werden. Wenn Milch im Spiel ist, lassen Sie den Fleck ein paar Stunden lang in warmer biologischer Waschpulverlösung einweichen, um dem Fett in der Milch entgegenzuwirken, danach wie üblich waschen. Falls das Getränk auf einen Teppich verschüttet wurde, bespritzen Sie die Stelle mit einer Sodaflasche, falls Sie eine zur Hand haben, ansonsten behandeln Sie sie mit einem Teppichreiniger.

Make-up

Augen-Make-up lässt sich normalerweise ganz einfach von Betttüchern und Kopfkissen entfernen, wenn Sie sich nach einer Party direkt ins Bett fallen lassen. *Lidschatten* verschwindet gewöhnlich nach einer normalen Wäsche mit einem Spritzer Wäschefleckenentferner auf den befleckten Stellen. *Augenbrauenstift* braucht eventuell eine Behandlung mit einer kommerziellen Fleckenentfernerlösung wie zum Beispiel Brennspiritus vor der Wäsche. *Wimperntusche* kann mit unverdünntem flüssigen Reinigungsmittel weggerieben und dann mit einer Haushaltsammoniaklösung (ein Teelöffel Ammoniak auf einen halben Liter Wasser) abgetupft und aufgesaugt werden. *Grundierungscreme* geht normalerweise weg, wenn man den Stoff anfeuchtet, anschließend in flüssigem Reinigungsmittel abreibt und gründlich spült. Falls die Grundierungscreme sehr fetthaltig ist, versuchen Sie es mit einem kommerziellen Fleckenentferner. Puder sollte zunächst sofort ausgeschüttelt werden und eventuelle Rückstände wie Flüssigkeit behandelt werden.

Lippenstift sollte, sofern er den Namen verdient, Essen, Trinken und Küsse überstehen, daher ist es nicht leicht, ihn vom Hemdkragen zu entfernen. Falls er dick verteilt ist, entfernen Sie die Masse vorsichtig mit dem Rücken eines Messers. Anschließend wenden Sie mit Brennspiritus oder einem kommerziellen Fleckenentferner die Tupf- und Saugmethode an. Lassen Sie sich Zeit und wiederholen Sie die Prozedur einige Male. Spülen Sie mit kaltem Wasser. Weichen Sie den Fleck eine oder zwei Stunden lang in einem flüssigen Reinigungsmittel ein und spülen und waschen Sie dann wie gewohnt. »Permanent-Lippenstift« lässt sich mit gleichen Teilen Glyzerin und Wasser aufweichen. Anschließend gut spülen und das Kleidungsstück wie üblich waschen.

Malkreide

Wenn Ihr Kleinkind mit Wachsmalstiften ein nicht in Auftrag gegebenes Gemälde an der Wand geschaffen hat, hoffen wir, dass es eine angestrichene Wand ist. Dann können Sie die betroffene Stelle mit einem kommerziellen Fleckenentferner oder einfach nur mit unverdünntem Essig betupfen und mit Küchenpapier oder einem Mikrofasertuch abwischen. Wenn die Wand tapeziert ist, müssen Sie mit Ihrer Behandlung etwas behutsamer sein, oder Sie beschädigen die Tapete. Versuchen Sie sehr vorsichtig, die Spuren mit einem weichen Radiergummi wegzureiben, wischen Sie ganz leicht mit einem feuchten weichen Schwamm über die Oberfläche und tupfen sie alles sofort trocken.

Curryspeisen

Curryflecken stammen von den Gewürzen, die beim Kochen verwendet werden, vor allem von Kurkuma. Die sollten unverzüglich in Angriff genommen werden, weil sie im angetrockneten Zustand sehr schwer zu entfernen sind. Kratzen Sie so viel wie möglich mit einem Messerrücken ab und bemühen Sie sich während dessen den Fleck nicht auszuweiten. Weichen Sie ihn in Glyzerinlösung (Glyzerin und Wasser zu gleichen Teilen) auf und spülen Sie ihn dann in einer biologischen Reinigungslösung. Der Fleckenrest kann mit dem Saft einer zerschnittenen Zitrone behandelt werden. Wenn das Malheur in einem Restaurant passiert, können Sie um eine Zitronenscheibe bitten und den Fleck sofort behandeln. Wenn Sie schnell gehandelt haben, empfiehlt es sich anschließend, das Kleidungsstück in eine chemische Reinigung zu bringen.

Matsch

Widerstehen Sie der Versuchung, ihn wegzuwischen, so lange er noch feucht ist, weil er dann nämlich noch tiefer ins Gewebe eindringt. Das ist jetzt einmal eine Gelegenheit zu warten und den Matsch trocknen zu lassen. Danach werden Sie ihn leicht wegbürsten können. Waschen Sie anschließend das Kleidungsstück.

Schweiß

Hartnäckige Flecken können angefeuchtet und dann mit einer Lösung aus einem Teil Wasserstoffperoxid und sechs Teilen Wasser behandelt werden. Weichen Sie den Stoff über Nacht in einer biologischen Reinigungslösung ein und waschen Sie ihn. Für Viskose, Nylon und Polyestergewebe benutzen Sie am besten Haushaltsbleiche (Chlor) – zwei Teelöffel Bleiche auf einen viertel Liter Wasser – und lassen Sie die Stoffe nicht länger als fünfzehn Minuten in der Lösung.

Soßen
siehe Bratensoße

Sahne, Joghurt, Crème fraîche
Obwohl all diese Substanzen vordergründig weiß sind, sind sie fetthaltig. Daher hinterlassen sie, falls Sie nicht schnell handeln, Spuren auf Stoffen – normalerweise werden Tischtücher und Vorderseiten von Hemden sowie Oberteile in Mitleidenschaft gezogen. Kratzen Sie die Masse mit dem Rücken eines Messers ab und spülen Sie das Objekt so schnell wie möglich in kaltem Wasser aus oder weichen Sie es in einer biologischen Reinigungslösung ein. Spülen Sie es anschließend und waschen Sie es wie üblich. Verwenden Sie bei nicht waschechten Stoffen einen kommerziellen Fleckenentferner, tupfen Sie ihn behutsam ab und benutzen Sie Küchenpapier, um die Lösung aufzunehmen.

Schuhcreme

Entfernen Sie Ablagerungen mit dem Messerrücken. Verwenden Sie einen kommerziellen Fleckenentferner oder ein Lösungsmittel wie Brennspiritus (ein Teil auf sechs Teile Wasser), weichen Sie den Fleck anschließend in einer flüssigen Reinigungslösung ein, der Sie ein paar Tropfen Haushaltsammoniak hinzugefügt haben. Waschen Sie den Stoff wie gewohnt. Für Teppiche sollten Sie einen entsprechenden Teppichfleckenentferner benutzen und für Polstermöbel einen geeigneten Fleckenentferner. Eventuell übrig gebliebene Farbflecken können mit einer milden Bleiche wie Wasserstoffperoxid oder Zitronensaft behandelt werden, aber prüfen Sie das vorher an einem versteckten Teil des Stoffes, um sicher zu gehen, dass er nicht beschädigt wird.

Tomatensaft

Siehe Fruchtsaft

Wein

Wenn Wein auf einem Teppich verschüttet wird, saugen Sie so viel wie möglich unverzüglich mit Salz auf

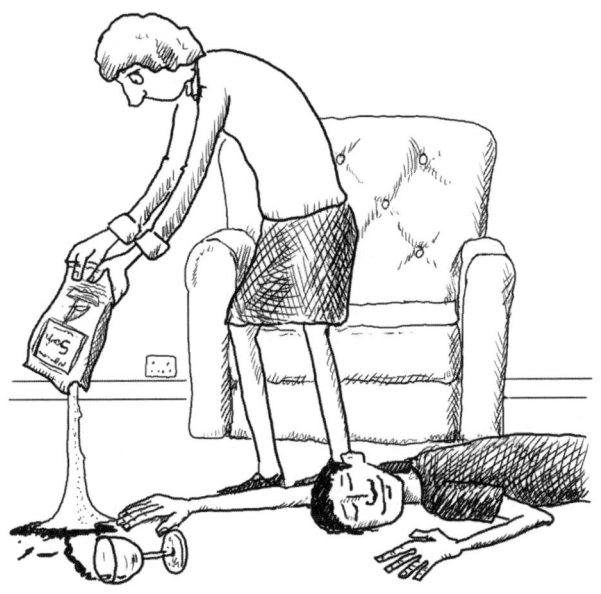

(lassen Sie den Salzhaufen über Nacht stehen) oder mit
Papiertüchern, die Sie in den Wein treten. Nicht reiben. Seien Sie darauf gefasst, eine ganze Rolle benutzen zu müssen. Das könnte das Problem vollständig
lösen, aber wenn eine winzige Verfärbung bleibt, versuchen Sie es mit der Tupf- und Saugmethode: ein Teil
Wasserstoffperoxid und sechs Teile Wasser.

TIPPS

- Streichen Sie eine der Wände in Ihrem Kinderzimmer mit einer Schicht abwaschbarer weißer Dispersionsfarbe, sodass die Kinder mit Kreide, Farbe und Buntstiften berechtigterweise kreativ werden können, ohne in Schwierigkeiten zu geraten.

- Vergewissern Sie sich beim Servieren von Rote-Bete-Suppe oder Borschtsch, dass Sie einen Vorrat roter Einwegpapierservietten parat haben und verwenden Sie ein abwaschbares oder mehrfarbiges Tischtuch, sodass die unvermeidlichen Flecken weggewischt werden können oder im Muster verschwinden.

WAS MAN NICHT TUN SOLLTE

- Bedecken Sie das Pipi Ihres Hündchens nicht mit einem Läufer und tun so, als sei es nicht passiert. Es ist erstaunlich, wie schnell etwas scheinbar so Harmloses zu stinken beginnt und welchen dunklen Fleck es hinterlässt. Wenn Sie fest entschlossen sind, sich einen Welpen anzuschaffen, seien Sie darauf gefasst, ihm mit einem saugfähigen Tuch überall hin zu folgen, bis er stubenrein ist.

- Tragen Sie bloß nicht sorgfältig Ihr Make-up für Ihre Geburtstagsparty auf, bevor Sie sich nicht schick gemacht und Ihre beste weiße Seidenbluse über den Kopf gezogen haben.

FAZIT

Die Hausarbeit ist ein wesentlicher Bestandteil des Lebens. Ich war einmal der Meinung, sie sei recht langweilig und man müsse sich da so schnell wie möglich durchkämpfen, aber inzwischen habe ich gelernt, sie als eine Selbstverständlichkeit in meinen Alltag zu integrieren und sogar Spaß daran zu haben. Wichtig ist dabei die Einsicht, dass man nie darauf abzielen sollte, Wunder zu vollbringen. Die Idee dahinter ist, das Ganze gerade so unter Kontrolle zu bekommen, um sich im eigenen Heim wohl zu fühlen und sorglos genug, um Gäste einzuladen. Es gibt einen großen Unterschied zwischen etwas Unordnung und tatsächlich keinen Platz zum Hinsetzen zu haben, weil alle Sitzgelegenheiten vermüllt sind oder keinen Kaffee anbieten zu können, weil weit und breit keine saubere Tasse zu sehen ist. Natürlich hat jeder eine andere Auffassung von Sauberkeit. Vielleicht stehen Sie auf ein minimalistisches Erscheinungsbild mit wenigen sichtbaren Objekten und möchten alles an seinem festgelegten Ort haben. Oder Sie ziehen es vor, so zu leben, dass es aussieht wie in einem Künstleratelier, wo Stifte, Tinten, Papiere und andere Materialien überall verstreut liegen und eine Menge Gegenstände in einem scheinbaren Durcheinander arrangiert sind. Es gibt zahllose Möglichkeiten dazwischen – es ist Ihre Entscheidung. In einem gut gepflegten Zuhause soll man sich nicht wie in einem Hotel fühlen. Es ist Ihr persönliches Statement über Ihr eigenes Leben und Ihre Persönlichkeit.

Genießen Sie Ihre Hausarbeit und betrachten Sie sich nicht als ihr Opfer. Betrachten Sie sie als eine Fähigkeit und nicht als lästige Pflicht. Dafür ist Geschick erforderlich, deshalb sollten Sie dafür sorgen, dass Sie lernen, wie man mit den unterschiedlichen Haushaltsgeräten, die Ihnen zur Verfügung stehen, umgeht. Sobald Sie diese Fertigkeiten erlernt haben, wird der Vorgang automatisiert, und es ist wunderbar ermutigend zu wissen, dass man etwas gut erledigt. Wenn Sie das Gefühl haben, dass Ihnen »diese ganze Hausarbeit« lästig wird, machen Sie eine Pause, rufen Sie eine Freundin an, hören Sie Musik, gehen Sie spazieren, entspannen Sie sich. Sie können die Arbeit später wieder aufnehmen, und dann stellen Sie womöglich fest, dass Sie mit dem, was erledigt werden muss, in null Komma nichts fertig sind, ohne ein schlechtes Gefühl dabei zu haben. Abgesehen vom Staubsauger, ist die meiste Hausarbeit ziemlich ruhig, daher können Sie die Zeit nutzen und Ihre Musik hören, und wenn Sie Kopfhörer tragen, macht Ihnen auch der Staubsaugerlärm nichts mehr aus.

Entschuldigen Sie sich niemals für den Zustand Ihres Hauses und rechtfertigen Sie sich nicht. Ihr Gast hat es wahrscheinlich überhaupt nicht bemerkt oder es ist ihm egal, denn höchstwahrscheinlich ist sein Zuhause in einem ähnlichen Zustand. Lenken Sie die Aufmerksamkeit auf etwas Interessantes, wie zum Beispiel Ihr neu angeschafftes Gemälde, das aktuelle Foto Ihres Kleinkindes, den fantastischen Blumenstrauß, den Sie zum Geburtstag geschenkt bekamen oder die ersten Schneeglöckchen im Garten. Falls Sie ein oder zwei Bücher zum Tausch anbieten können, dann wird dies die Aufmerksamkeit des Besuchers von ihrem Tischtuch ablenken. Ich war einmal bei einer Innenarchitektin zu Besuch. Ihr Haus war ein Juwel toller Ideen und hübscher Lackierungen. Ich hätte den Besuch wirklich genießen können, aber sie entschuldigte sich ständig für den Staub auf dem Glastisch (den ich nicht sehen konnte) und Bilder, die schief hingen, die mir aber perfekt gerade erschienen. Statt mich also an ihrem äußerst attraktiven und eleganten Zuhause zu erfreuen, war ich gezwungen, ihr zu beteuern, dass alles perfekt in Ordnung (und in einem wesentlich besseren Zustand als bei mir zu Hause) wäre.

Richtig mit der Hausarbeit umzugehen, heißt zu wissen, wie man sie erledigt. Schrecken Sie also nicht davor zurück, sondern versuchen Sie, ein entspanntes Verhältnis zu ihr zu bekommen. So lange Ihr Zuhause einladend, warm, bequem und einigermaßen sauber ist, sollten Sie glücklich und zufrieden sein.

DANK

Mein Dank gilt Phil und Jane Glynn, Sue MacIntyre, Deborah Wolton, Rosie Lee Phillips, Charlotte Halliday – und all den fleißigen Menschen, die alles beiseitelegten, als ich sie bat, über ihre Hausarbeit nachzudenken und wie sie sie austricksen. Auch meiner Mutter bin ich stets dankbar dafür, dass sie mir, als ich noch jung war, die vielen wunderbaren Anwendungen für Zitronen zeigte.

Weiterhin danke ich Jane Priestman für ihre Geduld und Unterstützung, James Wills für die Ermutigung und meiner wunderbaren Lektorin Jo Stansall.

REGISTER

C

CD und DVD, Aufbewahrung 131 f.
Chlorbleiche 207
Curryflecken 237 f.

D

Desinfektionsmittel 28, 45

E

E. coli 35, 91
Enzyme 44 f.
Erdölflecken 223 f.
Essig als Reiniger 30 ff., 162 ff.

F

Familienmitglieder und Haustiere 106–153
- Baby, bei der Arbeit getragenes 113 f.
- hilflos vs. hilfreich 112–121
- Sammelwut 121–127
- und Aufbewahrungslösung 127–143
- und Polstermöbel 173 ff.
- und Spielzeug 148 ff.
- und stampfende Füße 107 ff.
- und Teenagerzimmer 150 ff.
Farbflecken 222 f.
Fenster, Schmutz auf 182 ff.
Fensterabzieher 61
Fettflecken 228 f.
Filzstiftflecken 233 f.
Flecken 195–242
- Alkohol 215
- Bier 231
- Bitumen 223 f.
- Bleiche 207 f.
- Blut 226 f.
- Chlorbleiche 207 f.
- Curry 237 f.
- Druckerpatronen 196 f.
- Erdöl 223 f.
- Farbe 222 f.
- Fett 228 f.
- Filzstift 233 f.
- Fruchtsaft 225
- Gras 226
- Grundierungscreme 236
- Haarfärbemittel 229
- Joghurt 239
- Kaffee 234 f.
- Kaugummi 218
- Kerzenwachs 227 f.